寸笺丘壑

俄罗斯藏书票

〔俄〕杨嘉冰 编著

西泠印社出版社

目录 Оглавление

Первая часть. 上篇

Краткая история русского экслибриса

俄罗斯藏书票艺术简史

在俄罗斯艺术史中，藏书票作为小型版画的一个分支，有着自己独特的发展之路。根据俄罗斯相关学者的论述，俄罗斯藏书票的发展以 1917 年俄国十月革命为节点可以划分为前后两个主要大阶段，每个大阶段又呈现出了几个不同的小阶段与发展时期，反映了不同时代的特点。特别是在第二个主要大阶段，俄罗斯藏书票渐渐获得了世人的普遍喜爱和尊重。这除了得益于俄罗斯优秀艺术家们的高超技艺之外，也与他们的艺术修养和不懈努力有着很大的关系。正因他们，藏书票在俄罗斯美术文化中有了一席之地，并作为苏联时期艺术界的唯一代表，在国际艺术展览上荣获数十项大奖。俄罗斯藏书票艺术带着自己的风格和思考角度，展现出了多样性的创作解决方案、风格以及场景的精华，融合了创造者和订购者的无穷想象力，真正成为书籍的一个有机组成部分，成为民族书籍文化以及民族文化水平的见证者，成为折射个人命运和社会命运的一面小镜子，更成为具有历史意义的有关书籍收藏者的文献资料。同时，它也创造出了极高的美学价值，成为真正的艺术精品。

藏书票——这种十分出彩的小型版画作品，集文学性和艺术性的特点于一身，版画大师们常常借此表达对书籍和艺术的敬意，问世以来得到了无数书籍爱好者的青睐，风靡几个世纪。藏书票“EX-Libris”一词来源于拉丁语，意为“属于某某的书籍”。人们普遍认为藏书票起源于德国。最早的藏书票是被直接绘制在手抄本书籍上的，但是，这种手绘的藏书票并没有得到普及，因为当时的各类藏书室和图书馆规模都比较小。随着现代铅活字印刷术的出现和书籍的大量印刷，手绘藏书票很快就被雕版藏书票（这里泛指采用金属版、木版等雕刻，拓印在小型纸卡上并粘贴在书上的藏书票）取代。之后，德国的藏书票艺术在 16 世纪因丢勒（见图 1 丢勒作品）、老卢卡斯·克拉纳赫和小汉斯·荷尔拜因等著名艺术大师的加入，得到了极大的发展与普及，并很快出现在西欧国家的很多书籍所有者的藏书中。

一、俄罗斯藏书票的雏形及发展、演变

俄罗斯作为东欧国家，在文化与艺术方面一直与西欧有着千丝万缕的联系，在藏书票领域也不例外。俄罗斯藏书票的出现以及不同时期的发展和呈现出的艺术形式均晚于西欧，这种情况一直持续到 20 世纪初。

在中世纪的俄罗斯，证明书籍属性的唯一方法是人们添写在手抄文集上的签名。伴随签名同时出现的登记性质的文字也充当了书籍属性的标记，被称作“捐献记录”。这是因为，直到 17 世纪末，俄罗斯的书籍还是以宗教类书籍为主，教会的影响力极大，在人们与上帝沟通方面发挥着特殊的作用，从根本上把控着大众的意愿。为了祈求上帝“宽恕自己的罪过”或追忆亲人，书籍拥有者经常去教堂和修道院祷告并向教堂捐献书籍和财物。由于做出了如此重大的贡献，捐献者就试图在书上标明自己捐献的价值，于是出现了“捐献记录”。“捐献记录”常常伴随着签名出现在手抄文集的第一页，其中一定会标出捐献的数量和年份、教堂和修道院的名称、捐献的去向、捐献人的姓名和捐献的金额，另外，为了防止书籍失窃或损坏，在结尾处常常附加一些严厉的词语，借以恐吓潜在的窃书者。“捐献记录”作为书籍属性的唯一符号存在了几个世纪之久。20 世纪 20 年代，俄罗斯早期的藏书票研究学者，如著名艺术史家瓦西里·韦列夏金和阿达留科夫一致认为，俄罗斯藏书票正是起源于此。但情况并非完全如此，1962 年，圣彼得堡谢德林国家公共图书馆的研究员罗佐夫在检查索洛维茨基修道院的藏书时，在一些书上发现了一个手绘的藏书票图案，经分析，该标志诞生于 1493—1494 年，属于修道院藏书室的建立者伊古门·多西费。这款手绘藏书票被后来的学者一致公认为俄罗斯迄今为止最早的藏书票。这款藏书票的整体图案由一个圆形的、几乎闭合的字母“C”组成，内部以繁复精美的字体铭刻着

“священноинок”（意为“虔诚的修士”）的其余字母和书籍所有者伊古门·多西费的名字（图 2）。值得注意的是，此时西欧已经出现了雕版藏书票。

在西欧雕版藏书票诞生的同时，还伴随出现了一种制作工艺与雕版类不同的表压藏书票。早期的表压藏书票均为徽章图案，通常被直接压印在书籍的封面，后转到书脊上，由于制作成本高昂，只能在贵族以及富人圈里流传，无法得到普及。而在俄罗斯，率先于雕版藏书票出现的正是这种表压藏书票。俄罗斯第一款表压藏书票出现在俄罗斯印刷业创始人伊万·费奥多罗夫的第一本印刷书《圣徒》（约 1564）的封面上，且占据了整个封面，这是一个国徽图案并伴有书籍拥有者沙皇伊万雷帝的名字：伊万，仁慈的沙皇，伟大的沙皇。由此，“捐献记录”、手绘藏书票、表压藏书票所培育的雕版藏书票的土壤已经出现，但其进程极其缓慢。

一百多年后，直到彼得一世时期，俄罗斯才出现雕版藏书票。戈利岑公爵、布留斯元帅、御医罗伯特·阿列斯金三人是彼得一世的近臣，作为知识渊博的政治活动家，他们各自创建了在当时来说具有一定规模的藏书室，并几乎同时出现了俄罗斯最初的三款雕版藏书票。其中戈利岑公爵的藏书票只用拉丁文写了“来自阿尔汉格尔斯克藏书室的藏书”（因其藏书室位于莫斯科郊区的阿尔汉格尔斯克村）。这款藏书票只有正文而没有任何装饰，成为俄罗斯第一款花体字类藏书票（图 3）。布留斯和罗伯特·阿列斯金的藏书票则被认为是俄罗斯最早的徽章类藏书票，但存在一定的争议，有些艺术史学家认为俄罗斯第一款徽章类藏书票属于布留斯，票面下方镌刻着“曾经拥有”（图 4）。此后，藏书票在俄罗斯才逐渐得到传播和发展。到了 18 世纪，大部分藏书仍属于贵族阶级，因此藏书票图案仍以徽章类为主，并且这类图案通常具有复杂、丰富的象征意义，其中装饰图案的风格和象征性的造型在着重强调拥有者的兴趣和个人特征的同时，也在某种程度上或多或少地暗示了藏书票主人的藏书内容，在整体特征上与同时期的书籍艺术相近。直至 18 世纪末，俄罗斯藏书

1 黑克托尔·波
125mm x 82mm 1525 年 铜
2 虔诚的修士多西
尺寸不详 1493 年 手
3 来自阿尔汉格尔斯克藏书室的藏
4mm x 59mm 1700—1725 年 铜

Ex Bibliotheca Arcangelina

票中的徽章图案才开始有了相当大的简化，庄重感和华丽感有所下降，构图更加自由轻松。俄罗斯古典雕版大师乌特金在 19 世纪初为沙俄女皇亚历山德拉 · 费奥多罗夫娜利用铜版雕刻的两款藏书票以不同凡响的精美、严谨与简洁引起了众人的关注。其中专门为沙皇的亚历山大行宫的藏书馆设计的一款作品，画面是一把被玫瑰花环包围的长剑，但没有铭文（图 5）。

此时，除了徽章类藏书票，还出现了首字母组合类和场景类藏书票。

首字母组合类藏书票一般呈现的是组合单词的首字母，它们包括相互交织的藏书票拥有者的名与姓的首字母或藏书票拥有机构的名称组合单词的首字母。典雅的首字母与华丽的边框交相辉映，与同时代的书籍装饰以及建筑装饰风格相呼应。俄罗斯第一款首字母组合类藏书票出现在 18 世纪 50 年代的医学院（Collegiae Medicinae）图书馆的藏书中。这个典雅的“CM”首字母组合类藏书票是荷兰艺术家万 - 杰尔 - 斯帕伊克设计完成的（图 6）。

现今传播最广泛的场景类藏书票直到 18 世纪中叶还很少见，但到 18 世纪下半叶已经成了最流行的藏书票类型。俄罗斯第一款场景类藏书票为时任国务大臣的别兹博罗德科所有，图案由一棵与花环交织的树以及主人的名字组成。这款有着细腻线条的作品凭借它的独特创作风格在那个年代显得别具一格（图 7）。最初的场景类藏书票经常在装饰图案中包含徽章和首字母组合在内的元素，但很快就积极向书籍靠拢，经常在上面描绘自然风景、藏书室内景以及书房的部分内景，并在一些作品中开始象征性地暗示拥有者的兴趣爱好或者所藏书籍的内容。不久之后，又出现了更为复杂的场景类藏书票，其内容更加广泛，形式更加多样，在构图中甚至出现了人物形象。到了 19 世纪末 20 世纪初，场景类藏书票在俄罗斯已经广泛普及，在内容上还增补了一些有趣的、与书籍相关联的铭文。

在雕版场景类藏书票开始流行期间，还短暂出现了

4
6

4 曾经拥
86mm x 86mm 1700—1725 年 铜
5 亚历山大行宫藏
39mm x 30mm 19 世纪 30 年代 铜
6 医学
127mm x 100mm 18 世纪 50 年代 铜
7 别兹博罗德科伯
65mm x 80mm 18 世纪下半叶 铜

FUIMUS

Графъ
А. Безбородко.

其他几种形式的藏书票。首先，18 世纪末，出现了一种直接加盖在书籍标题页上的藏书票。最初，它的图案基本是徽章或书籍所有者姓名的缩写，到了 19 世纪，逐渐演变成了橡皮图章样式，之后，成了当今公认的藏书印。橡皮图章往往带着硬性文本，例如“某某之书”“属于某某”或“第几号图书”，如今不仅依旧被很多国家和公共机构的大型图书馆使用，还被很多私人藏书室使用（图 8）。虽然橡皮图章也有与情节题材有关的作品，但这并不能挽救它的声誉。很多藏书票学者认为，橡皮图章不是修饰了书籍，而是伤害了书籍，因为它们无法与书籍装帧艺术融为一体，所以总是显得格格不入，流传至今仅仅是因为国家和公共图书馆对珍贵书籍的保护：在图书被侵占盗窃的情况下，不容易被销毁。其次，在 19 世纪中叶，还出现了一种直接压印在书籍衬页的藏书票，图案基本是徽章或所有者姓名的缩写。这类藏书票因制作工艺复杂繁琐、造价不菲而不多见。最后，在 20 世纪初，利用浮雕烫印技法，一种近似拱花类型的藏书票出现了。在质地细密、具有光泽并带有花边的小纸片上，利用浮雕画的技法压出纹饰图案。这类藏书票也没有流行开来，因为造价昂贵且不够牢固。随着时间的推移，压印在纸张表面的痕迹，也就是画面的凸起部分会逐渐平复，变得平滑并难以分辨，所以，这种类型的藏书票也没有得到广泛应用，但至今仍有一些艺术家把它作为藏书票的一种特殊表现形式，偶尔进行创作。

在 19 世纪下半叶，雕版花体字藏书票也迅速发展起来。俄罗斯花体字藏书票在 18 世纪初，首次以戈利岑公爵藏书票的面目出现之后，并未立即流行起来。但在百年之后，随着印刷业的发展，凭借廉价的制作费用、简单的外观、偶尔也有充满艺术感的创作，开始被越来越广泛地应用。这个时期的花体字藏书票，只给出藏书票主人的名字、父称和姓氏，没有标明“藏书”字样的作品也并不鲜见，如俄罗斯著名作家契诃夫使用的就是这类标志（图 9）。

到了 20 世纪初，场景类藏书票日益盛行，大有取代徽章类藏书票之势。究其原因，主要是藏书所有者的

8 瓦列里・布留索
5mm x 46mm 1910—1920 年 橡皮图
9 安东・巴甫洛维奇・契诃
8mm x 40mm 1900—1910 年 排字印

结构发生了显著的变化。藏书阶层不断扩大，打破了贵族、教士垄断的局面，学者、作家等知识分子也相继加入。而各类知识分子并不拥有氏族徽章，因此，制作复杂、费用高昂的徽章类藏书票日渐式微。与此同时，随着俄罗斯国内版画艺术的兴起与发展，很多艺术类刊物相继出现，使得藏书人的艺术品味与文化底蕴不断提升，藏书票定制的要求也更加严格苛刻，进而，藏书票创作者的创作也更具艺术性了。较之之前几个世纪几乎很少有俄罗斯艺术家参与藏书票创作的情况，此时的俄罗斯藏书票发展形势可谓一片大好。俄罗斯一些本土艺术家们也对藏书票产生了浓厚的兴趣，其中包括一些著名的艺术大师。这个时期，有两款作品最具代表性，它们都属于巡回展览画派著名艺术家、圣像和古代绘画作品收藏家奥斯特罗乌霍夫。第一款是俄罗斯著名版画家马泰根据巡回展览画派艺术大师瓦斯涅佐夫设计的图案雕刻完成的作品（图 10）。这款藏书票中的文字与边框都采用了古老的俄罗斯书籍设计风格。边框内的上部，一位年迈的、桎梏在古老法律之下的编年史学家，在星夜中，正通过微弱的烛光，忙碌而公正地记录着那些“历史的真相”。画面与字体的有机结合，使作品既具有美丽的书卷气，同时又忠实地刻画了藏书主人的品味与性格：奥斯特罗乌霍夫还被誉为俄罗斯杰出的艺术史学家，他在评价艺术现象方面的洞察力以及坚持艺术真谛的立场，会令所有反对他观点的人哑口无言。同时，对古老俄罗斯绘画的挚爱还帮助他完成了一系列稀有圣像的收集工作，并确定了他个人藏品的特性，可以说，这款藏书票作品以其独有的方式反映出 19 世纪末至 20 世纪初俄罗斯文化史上的一个突出而鲜明的现象。其次，俄罗斯著名的艺术大师弗鲁别利也为奥斯特罗乌霍夫设计了一款优秀的场景类藏书票（图 11），由当时著名的版画家伊万·巴甫

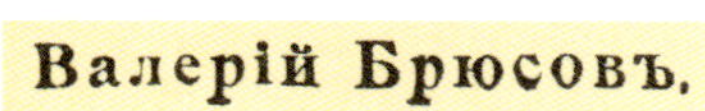

洛夫雕刻完成。画面中，太阳神阿波罗在暗夜里面对象征着丑恶的人形蝙蝠放射出引人注目的光芒——这是光明终将战胜黑暗的象征，更饱含了创作者对奥斯特罗乌霍夫高贵品质的充分肯定和赞扬之情。

真正对俄罗斯藏书票艺术第一次产生巨大影响并为今后的发展指明方向的是诞生于 19 世纪 90 年代末的，来自圣彼得堡的艺术团体“艺术世界”的艺术家们，如别努阿、兰谢列、奥斯特罗乌莫娃 - 列别杰娃、伊瓦斯克、巴克斯特等人。在这个被称为“俄罗斯文化复兴时代”或“白银时代”的文学发展多元化的时代，受文化思潮的影响，他们在艺术领域推出了独立的艺术价值观念，崇尚高雅精巧的艺术形式，对俄罗斯历史和过去文化的迷恋成为这个团体的典型特征。当时，他们已经在俄罗斯书籍装帧设计领域发挥着重要的作用，创作出许多优秀的书籍艺术作品，促进了俄罗斯艺术文化生活水平的提高并使新型的俄罗斯艺术得到了世界的认可。他们也极富热情地在小型版画领域开拓进取，这其中就包括藏书票。每个人不仅展现出了强烈的个人风格，同时也展现了“艺术世界”团体的整体风格和创作方向，他们的作品是这个时期俄罗斯藏书票的典范。

别努阿作为“艺术世界”团体的奠基人之一，创作了许多优秀的藏书票作品，他为一些艺术家和艺术评论家创作的作品深受大众喜爱。这些作品虽然在很大程度上受到了巴洛克和洛可可风格的影响，但依旧保留了自己的独特风格，其中的文化品味别具一格、耐人寻味。例如为酷爱戏剧的朋友德拉姆波夫创作的反映木偶剧院舞台场景的藏书票（图 12）。

“艺术世界”团体的主要成员、俄罗斯皇家科学院院士兰谢列的藏书票采用了哥特式、巴洛克式以及俄罗斯经典艺术的风格，图案繁复华丽，造型鲜明准确。如《菲洛索福夫藏书》（图 13）中通过幻想家的形象，完美地展现了他的创作风格。

奥斯特罗乌莫娃 - 列别杰娃是俄罗斯套色木刻版画的首创

10 | 1
12 | 1

10 奥斯特罗乌霍夫藏
75mm x 70mm 木
11 奥斯特罗乌霍夫藏
132mm x 117mm 1920 年 木
12 德拉姆波夫藏
90mm x 85mm 1913 年 锌
13 菲洛索福夫藏
93mm x 69mm 1899 年 锌

ИЗЪ КНИГЪ И·С· ОСТРОУХОВА.
В.М.
В.В.

FIAT LUX
ИЗЪ КНИГЪ И·С·ОСТРОУХОВА

ИЗЪ КНИГЪ Р.Г.

ИЗЪ КНИГЪ ·Д.В.ФИЛОСОФОВА·
·OTIUM CUM DIGNITATE·
Е.Л.
1899

者，她的洛可可风格的套色藏书票异常华丽。例如，她根据兰谢列的设计图案，为大力推行法国新兴现代主义美术的《金羊毛》杂志出版商里亚布申斯基创作的套色木刻藏书票堪称经典（图 14）。

列宾的学生索莫夫，是在俄罗斯版画领域占有极其重要地位的艺术家，他以洛可可风格设计的花纹边框藏书票最具特色，清晰、明快、细腻的线条与奇思妙想的构图完美结合，作品内容经常带有一些老饰物，如陶瓷雕像、扇子、项链、彩色花带及帷幔等，如《米罗诺夫藏书》（图 15）即很好地体现了这一点。除此之外，他还创作了很多以纯花纹图案装饰的藏书票，如《洛博伊科夫》（图 16）。

多布任斯基是舞台布景及戏剧服装设计大师。他为陀思妥耶夫斯基的《白夜》所作的插图被世人奉为经典之作。他把创作活动的重要部分投入书籍和杂志的装帧设计当中，擅长细腻的版画创作。在藏书票领域，他的作品不多，其中为著名女演员科列涅娃设计的藏书票在构图方面非常成功——在拉开的窗帘之间是点燃的灯具和一只插着玫瑰的花瓶（图 17）。

纳尔布特一生创作了大约 10 款藏书票，自信清晰的线条和丰富有趣的构图是其作品最鲜明的特点。作品以徽章类藏书票为主，例如为考古学院教授卢科姆斯基创作的藏书票（图 18）。

巴克斯特为钢琴家兼指挥家济洛吉创作的藏书票，通过一架钢琴展示了拥有者的专业，其中的装饰性与雕刻的流畅线条很好地结合在了一起，在当时让人倍觉新颖（图 19）。

比利宾是一名优秀的插图师，他为俄罗斯童话和壮士歌等文学作品创作了许多让人过目难忘的插图。在藏书票创作上，他为诺特加夫特创作的藏书票极具装饰风格，很好地体现了他的创作优势（图 20）。

伊瓦斯克不仅擅长创作藏书票作品，还是俄罗斯第一位

15 | 16 | 17

14 里亚布申斯基藏
86mm x 126mm 1901 年 套色木
15 米罗诺夫藏
131mm x 87mm 1912 年 锌
16 洛博伊科
117mm x 73mm 1902 年 锌
17 利季娅・科列涅
60mm x 48mm 1910 年 锌
18 卢科姆斯基藏
79mm x 65mm 1913 年 双套色锌
19 济洛吉藏
57mm x 85mm 1910—1920 年 锌

ИЗЪ КНИГЪ
Н.М.МИРОНОВА.

Изъ книгъ В.П. РЯБУШИНСКАГО.

EX LIBRIS
АЗ

В.П.
Лобойковъ.

Лидiи
Кореневой

В. Л.

藏书票研究家，为俄罗斯的藏书票发展做出了重大贡献。他为图书分类学专家博德纳尔斯基创作了一款很有意思的藏书票：一把长长的钥匙放在一本打开的书籍上，占据了画面的主要部分，仿佛向我们诉说着藏书就是打开一切知识探索与研究的钥匙，形象地展示了藏书的意义（图 21）。

“艺术世界”团体的其他成员也创作了数量不等的藏书票，都在不同程度上反映了这个时期俄罗斯藏书票的整体水平。可以说，“艺术世界”艺术家们的藏书票为整个俄罗斯藏书票的发展指明了方向，树立了明确的航标，从此以后，俄罗斯藏书票找到了属于自己的新形式。

至此，俄罗斯藏书票完成了第一主要大阶段的发展历程。需要特别指出的是，此时，场景类藏书票已经是一种非常完善的小型版画形式了。但徽章类藏书票依然占有较大的比重，俄罗斯藏书阶层依旧十分弱势，大部分定制者还无法从美学的角度去审视藏书票，因而对藏书票的需求也不大，导致很多本国艺术家对藏书票的兴趣普遍不

20 |

20 诺特加夫特藏
70mm x 70mm 1912 年 双套色锌

21 博德纳尔斯基藏
35mm x 32mm 1918 年 锌

高，大多数作品依旧是由国外艺术家设计创作的，即使有本国艺术家的参与，在创作风格上也是多借鉴西欧艺术家的作品。从内容上来讲，无论是西欧还是俄罗斯的藏书票，几乎从未反映过一些重大的社会历史事件，情节也局限于藏书主人的个人世界的狭隘空间，反映的都是藏书主人的个人兴趣或是藏书的内容，并且，有艺术水准的藏书票作品少之又少。但随之而来的俄国十月革命很快打破了这些局限性，俄罗斯藏书票艺术迎来了自我发展的曙光，开始走上了以本国艺术家创作为主的道路。

二、1917年俄国十月革命后的兴起阶段

1917 年的俄国十月革命和紧随其后的文化革命在俄罗斯国内引发了千千万万劳动人民对书籍的热爱。文艺作品、政治作品和其他文献的出版物越来越多，工人和农民对知识的渴望不断增长，一个全新的群体诞生了，并且快速壮大。个人藏书室和公共机构的图书馆也如雨后春笋般迅速崛起，理所当然，许多书籍主人随着文化品味的提高，对具有艺术性的藏书票产生了浓厚的兴趣。与此同时，随着书籍的大量刊印和发行，书籍艺术成功地吸引了大批优秀的国内版画艺术家加入该领域的创作。而藏书票作为书籍本身的有机组成部分和美学元素，自然而然成了他们展现创作灵感和才能的对象。同时，他们也乐于按照订单为国家机构、社会团体和私人藏书家创作藏书票。这一切都为俄罗斯藏书票在新阶段的迅猛发展提供了必备的条件和强大的动力。特别是 20 世纪 20 年代以来，俄罗斯藏书票真正迎来了属于自己的时代。由于国内宽松的文艺政策，来自西欧以及本土的诸多艺术流派如象征主义、“艺术世界”派、立体主义、结构主义、辐射主义、至上主义、未来派、抽象派等纷纷登上历史舞台，俄罗斯艺术家们在吸纳各个流派的思想与理论的同时，也不断尝试与探索，并把相关的艺术心得与体会带进了艺术创作实践中，极大地繁荣了艺术作品的表现形式。需要特别说明的是，新阶段的俄罗斯藏书票，场景类藏书票占据了绝对的位置，几乎完全摒弃了徽章类藏书票，只是偶尔某些作品的构图形式令人联

想到徽章，但是这些元素都是经过艺术家深思熟虑并加工过的，与世袭徽章完全两样，完全可以归结到场景类藏书票序列之中。

（一）莫斯科与圣彼得堡的藏书票艺术初期发展状况

俄罗斯新阶段的藏书票艺术兴起于莫斯科和圣彼得堡。因为这里集中了当时俄罗斯最优秀的版画艺术家，汇聚了国内大多数的、最主要的图书收藏，还生活着国内主要的藏书票定制群体。其实，这些艺术家的藏书票创作之路早在十月革命前就开始了，在十月革命后最初的 10 年里达到了创作的高峰，并迅速走出俄罗斯，走上国际舞台。这个时期被认为是俄罗斯藏书票发展的经典时期。

在莫斯科，俄罗斯著名版画大师法沃尔斯基是毫无争议的领军人物。当时，他与他的追随者们共同形成了一个叫作“法沃尔斯基流派”的版画流派，这个流派组成了 20 世纪 20 年代俄罗斯书籍版画和藏书票艺术发展的主要环节。但莫斯科版画以及藏书票的发展并不是都受到了法沃尔斯基的直接影响，还有一些坚持走自己的创作之路，探寻独特的艺术表现风格的艺术家，如克拉夫琴科、伊万 · 巴甫洛夫、帕夫利诺夫、皮斯卡廖夫、库普列亚诺夫、法利列耶夫、雷贝格、扎哈罗夫、马托林等人。这当中，最优秀也最具鲜明个性的首推克拉夫琴科。他虽然没有明确创立如同法沃尔斯基那样的属于自己的艺术流派，但不仅在当时能找到很多受到他巨大影响的艺术家，在后世，很多人都在自觉地，有意识地支持并沿用他创建的那些有关书籍插图创作的原则和理论。他们两人积极参与藏书票创作的举动不仅吸引了大量的艺术家，也在俄罗斯藏书票的发展中扮演着举足轻重的角色，他们的作品不仅是超凡的版画技术的卓越代表，也是场景类藏书票的典范，属于真正的艺术精品。

法沃尔斯基一生共创作了 20 多款藏书票。他曾经为萨拉托夫市的两姐妹创作了两款经典的作品，其中之一是为作为历史学家的姐姐叶卡捷琳娜 · 库舍娃创作的（图 22)。画面的正中央，女主人公正低头安静地阅读着古老的史书，背景是一队游牧民族

22 | 2

22 叶卡捷琳娜 · 库舍娃藏书

34mm x 57mm 1926 年 木刻

23 安娜 · 库舍娃藏书

46mm x 64mm 1926 年 木刻

的马队正在急驰狂奔，背景的动感与女主人公冷静而严肃的神情形成了鲜明的对比，动静结合，体现了拥有者的职业特征以及工作状态。在为身为考古学家的妹妹安娜·库舍娃创作藏书票时，则在这款尺寸极小的作品上构建了一幅宏大的场景（图 23）。在宛如壁画般宽广的平原上，一个斯基泰人陷入了沉睡，一名女子俯下身来，正小心翼翼地试图唤醒他。作品中那些类似壁画的元素充满了诗意，闪烁着耀眼的光芒，整幅作品充满了“法沃尔斯基式”的智慧，展示了其超强的构图能力。

法沃尔斯基早期的学生及追随者虽然处于法沃尔斯基的巨大光环之下，但他们没有失去自身的光彩。叶切伊斯托夫是法沃尔斯基所有学生中最具才华的一个，他多才多艺，在版画、水彩画、诗歌创作上均取得了不凡的成就，尤其在表现藏书家的兴趣、职业方面具有超强的能力，如他为工程师福雷格尔创作的含有几何设计图形的藏书票（图 24）。通过鲁迅选编的《引玉集》《苏联版画集》而为中国艺术界所熟知的冈察罗夫对刻刀的掌控炉火纯青，对构图以及黑白色块的独特解决方案是其作品独一无二的特色，如在《费奥多罗夫 - 达维多夫藏书》（图 25）中表现出了强烈的动感，让人过目难忘。皮科夫的作品精致细腻而迷人，如《格林斯基·萨夫罗诺夫藏书》（图 26）展现了藏书家以饱满的革命热情忘我奋斗的一生以及对音乐、诗歌的嗜好。

克拉夫琴科一生创作了 56 款藏书票，大多数是献给书籍爱好者的小故事。他把书籍爱好者浪漫化、理想化，并以轻松而略带幽默的情调去刻画他们。其中，为艺术史学家西多罗夫创作的藏书票最具代表性（图 27），作品呈现了一个浪漫的梦想家的故事：主人公坐在椅子上，全神贯注地读着手里的书，他的面前出现了许多画面，墙上有中世纪的海盗画像和迷人的裸体缪斯，桌上摆放着插着蜡烛的烛台，一只具有某种神秘象征意味的黑猫站在一本打开的书上；窗外是寂静的月夜，海上停泊着一艘帆船，战士在古战场上厮杀正酣，一辆马车飞速驶过；一个蒙面的神秘陌生人正在闯入房间。这款藏书票作品凭借精雕细琢的创作手法和浪漫的情怀在克拉夫琴科的作品中尤为出彩，其中刻画的对象形态优雅、造型准确，呈现出了完美无瑕的画面效果。

被誉为"书籍艺术的骑士"的皮斯卡廖夫，也是新时期藏书票领域的先驱之一，一生共创作了 18 款藏书票。其 1926 年为国家美术博物馆的图书馆创作的藏书票堪称杰作（图 28，注：名称沿用《引玉集》中的译法）。他通过对建筑结构的比例以及建筑各部分的协调性的精妙解读，描绘了图书馆那高大而宽敞的大厅，细长的科林夫斯基柱，大厅后面立体感十足的半圆形墙壁。一股强烈的光线自上而下照射到那张安放在寂静图书馆中的桌子上，桌上堆放着书籍，人们或坐或站，姿态各异，认真地阅读着手里的书籍，气氛美好而温馨，矗立在一旁的雕像让整个画面更加融洽，展现了整个图书馆明亮宽敞、优雅舒适的环境。皮斯卡廖夫构建的这款藏书票集经典、简洁、完美于一体，成为小型版画的经典案例，20 世纪 30 年代被鲁迅选编进了《引玉集》中。

同一时期，著名版画家伊万·巴甫洛夫为适应新时期的需要，在该领域进行了一系列尝试性的探索，为后来者提供了许多宝贵的经验。他将以建筑场景为内容的藏书票创作推到了顶峰，

24 | 25 | 2
27 | 28 |

24 福雷格尔藏书
54mm x 33mm 1920 年 木刻

25 费奥多罗夫–达维多夫藏书
77mm x 58mm 1924 年 木刻

26 格林斯基·萨夫罗诺夫藏书
64mm x 62mm 1920 年 木刻

27 西多罗夫藏书
79mm x 64mm 1921 年 木刻

28 国立美术馆图书室藏书图记
74mm x 58mm 1926 年 木刻

ИЗ КНИГ
НМ
ФОР
ЕГЕ
РА

КНИГА
ФЕДОРОВА-ДАВЫДОВА

ИЗ КНИГ
В.И.
ГЛИНСКОГО
САФРОНОВА

ИЗ КНИГ
А.А. СИДОРОВА.

БИБЛИОТЕКА
ГОСУДАРСТВЕННОГО
МУЗЕЯ ИЗЯЩНЫХ
ИСКУССТВ

可谓尽善尽美，充满了诗情画意，反映了他对故乡莫斯科悠久的历史以及古希腊古罗马的热爱之情。画面中的古建筑的一角、公园一角、书房一角、画室一角以及书店一角都在悄无声息地吸引着观者并将他们带到了一个令人心仪、向往的地方——读书角。这些作品通常会巧妙地放在一个十分优雅的装饰边框之中，如作品《巴济金藏书》（图 29）、《西多罗夫藏书》（图 30）等都被定义为典型的“巴甫洛夫式”藏书票。

艺术家扎哈罗夫在为莫斯科的俄罗斯书友协会设计的藏书票（图 31）中，着重宣传书籍与知识的巨大作用与在人们心目中的分量：众人合力举起一本大书，正准备把它放到一个纪念碑的基座上，这正是属于书籍的荣光。

马托林是伊万·巴甫洛夫的学生，他的作品细腻清晰，刻线灵活多变，极具艺术品味，以推崇简洁清新的双套色藏书票作品而著称，如为庆贺自己的老师艺术创作 40 年而制作的《巴甫洛夫藏书》（图 32），刻刀代表了职业——版画家，闻名于世的莫斯科克里姆林宫塔楼代表了艺术家来自莫斯科，XL 代表 40。

在圣彼得堡藏书票界，虽然“艺术世界”的大师已经为藏书票在新时期的繁荣创造了先决条件，但此时却缺少如同莫斯科“法沃尔斯基流派”那样比较稳定的、有组织的创作核心。这时除了“艺术世界”中的一些成员（别努阿、兰谢列、奥斯特罗乌莫娃 - 列别杰娃、米特罗欣、切霍宁等）仍继续创作外，还有其他一些继承了“艺术世界”优良传统的艺术家们也从未停止过创作，如希林戈夫斯基、布里梅尔、希任斯基、尤多温等人依旧坚持不懈。虽然他们人数不多，但却来自不同的团体，因此，他们的作品一定程度上还是反映了圣彼得堡藏书票界的整体创作水平。尽管圣彼得堡艺术家的藏书票与莫斯科艺术家的作品明显不同，但对法沃尔斯基创建的版画艺术理论，圣彼得堡的青年版画艺术家们，特别是木刻版画家们也表现出了明显浓厚的兴趣，

29 | 30
31 | 32

29 巴济金藏书
63mm x 49mm 1925 年 木刻
30 西多罗夫藏书
117mm x 87mm 1921 年 木刻
31 俄罗斯书友协会藏书
66mm x 48mm 1925 年 锌版
32 巴甫洛夫藏书
42mm x 57mm 1924 年 双套色木刻

ИЗЪ КНИГЪ
М. С.
БАЗЫКИНА.

ИЗЪ КНИГЪ.
А.А.СИДОРОВА.

РУССКОЕ
ОБЩЕСТВО
ДРУЗЕЙ
КНИГИ

EX-LIBRIS
XI
И.Н.
ПАВЛОВА

他们不是单纯地进行模仿，而是创造性地继承并有所发展。不仅仅是法沃尔斯基的理论融入了圣彼得堡藏书票艺术家的创作当中，他们也同样受到了来自克拉夫琴科、库普列亚诺夫等其他莫斯科藏书票大师的影响。总之，20 世纪 20 年代，圣彼得堡藏书票创作也对俄罗斯新时期的藏书票艺术产生了至关重要的影响，在新时期延续着圣彼得堡藏书票艺术昔日的光荣传统，与莫斯科艺术家一起造就了俄罗斯藏书票发展的经典时期。这一时期，具有代表性的圣彼得堡藏书票艺术家如下：

米特罗欣于 1919 年创作的一款儿童类藏书票至今仍为人们津津乐道（图 33）。作品中，艺术家把铭文置于框架中心，在周围刻画了一些零零碎碎的小玩意儿，它们会在孩子们阅读了某部自然科学书籍后在脑海里形成一个完整的画面。画面呈现的都是童年时代的美好感受以及从童年生活引申出的大自然与神话故事。

作为卓越的艺术活动家，切霍宁在藏书票创作方面也展现了自己出众的才华，如他在为谢坚科 - 维佳泽夫创作的藏书票中，毫不掩饰地直抒对书籍的崇拜与赞美（图 34）。

希林戈夫斯基是俄罗斯现代古典主义版画大师，他为亚美尼亚藏书家卡里尼扬创作的藏书票（图 35），与古老的徽章类藏书票一样，具有纯粹的象征意义。作品描绘了两头水牛——它是坚忍不拔与热爱劳动的象征，按照藏书票定制者卡里尼扬的想法，这些品格是真正的书籍爱好者所必须具备的。

另外，布里梅尔那些独特且极具表现力的作品总是充满浪漫主义情调以及象征主义成分。如在儿童类作品《阿廖努什卡藏书》（图 36）中刻画了梦幻的童话芭蕾舞剧片段。

尤多温的作品倾向于民间创作技法和展现欧洲小镇的日常景象，作品中既有详细的生活观察，又有宽广的思想概括，如作品《尤多温藏书》（图 37）很好地展现了这些特点。

希任斯基（鲁迅选编的《引玉集》中译作希仁斯基）的作

3
34 | 3

33 阿廖沙 · 巴布金藏书
77mm x 57mm 1919 年 锌版

34 谢坚科–维佳泽夫
93mm x 75mm 1922 年 锌版

35 卡里尼扬藏书
80mm x 70mm 1928 年 木刻

ИЗ КНИГ
АЛЕШИ
БАБКИНА

EX-LIBRIS
ЕДЕНКО-ВИТЯЗЕВ

EX-LIBRIS
A CARINIAN

品对情节的刻画极其出色，明暗布局饱满充实，展示出了他作为版画艺术家的天赋，如作品《斯捷申科藏书》（图 38）。

除了艺术家们的积极创作，在莫斯科、圣彼得堡两地还诞生了一些藏书票艺术家协会以及藏书票收藏家团体，他们对新品藏书票进行了广泛的研讨交流并举办了大量的展览，著名藏书票评论家、收藏家西多罗夫和阿达留科夫在理论上进行了大力支持与宣传。所有这些，都促进了藏书票在数量、质量上的提升，对藏书票的发展起到了推波助澜的积极作用。

（二）地方藏书票艺术的萌芽

20 世纪 20 年代，除了莫斯科和圣彼得堡的艺术家，其他地方的艺术家也对小型版画的发展做出了贡献。最突出的当为德米特列夫斯基。而大多数地方艺术家在这个时期只是小心翼翼地刚刚开始触碰藏书票艺术。之后的他们都逐渐成了这个小型版画领域的先驱，特别是在 20 世纪 60 至 80 年代，很多人占据了各领域的主要位置。德米特列夫斯基是沃洛格达市杰出的木刻版画艺术家，他为自己的密友克雷平创作的一款藏书票（图 39）所引起的佳话在后世广为流传。沃洛格达著名藏书家克雷平在向德米特列夫斯基定制藏书票时，没有选取自己的形象，而是预定了德米特列夫斯基本人的肖像，很显然，这是希望以这种形式来纪念两人之间深厚的友情。

（三）小结

十月革命后直至 20 世纪 20 年代末，俄罗斯藏书票艺术凭借优秀艺术家开创的有利条件，开始生根发芽，为后来的成长和进化打下了坚实的基础。在这些年中涌现出的那些优秀艺术家，把俄罗斯的藏书票艺术迅速提高到了欧洲的前列水平，使得 20 世纪 20 年代真正成了俄罗斯藏书票艺术的繁荣时期，他们创作的很多作品被录入了俄罗斯藏书票艺术的宝库。同时，藏书票在很好地保留了国内传统经典艺术的同时，也跟随国内形势渐渐融

36 | 3
38 | 3

36 阿廖努什卡藏
75mm x 50mm 1925 年 木
37 尤多温藏
68mm x 52mm 1920 年 木
38 斯捷申科藏
60mm x 50mm 1927 年 木
39 克雷平藏
54mm x 36mm 1925 年 木

ИЗ КНИЖЕК
АЛЕНУШКИ

ИЗ КНИГ
К. ЮДОВИНА

КНИГОЗБІРНЯ
ЯР. СТЕШЕНКО

ИЗ КН
С.В. КЛЫПИНА

入新的题材和内容，开始出现了一些反映时下社会变革以及相关人物的题材，从此，俄罗斯藏书票渐渐走上了有别于西欧的，独具特色的发展之路。这个时期采用版画形式创作的藏书票本身的角色也有了明显的变化，它不仅成了书籍的辅助部分，完成了书籍的内部装饰，也作为版画的一种形式获得了一种独立的艺术价值，成为俄罗斯版画这棵枝繁叶茂的大树新增的嫩芽，逐渐走出了一条成功之路。

三、20世纪20年代末至50年代中期的沉寂阶段

但俄罗斯藏书票的发展还没有来得及体会到那种空前繁荣和持续增长的快乐，就迎来了艰难和几乎被遗忘的岁月。到 20 世纪 20 年代末，苏联社会开始发生重大转变，过去的许多阶级和阶层正逐渐消失。特别是自国家实施第一个五年计划（1928—1932）起，苏联政府开始对文学艺术加以管制，并禁止了绘画中所有非现实主义流派的存在。这种经济的加速发展和文化观念的转变是在思想和政治监督不断强化的氛围下进行的，斯大林不断强调同“阶级敌人”斗争的必要性并且提出这样的理论：随着向社会主义的过渡，阶级斗争会不断尖锐。同样也是在 20 世纪 20 年代末，苏联国内一些主要报刊陆续刊登了一系列文章，在论及苏联国内艺术领域问题时，把藏书票这门艺术当作亲西方艺术进行质疑和批判，甚至有些理论家毫无缘由地认为：“新时期的书籍爱好者完全可以回避书中的藏书票，它以它占有者的标志刺激了人们——过于明显地、刻意地去强调个人对书籍的所有权，而书籍应该是属于全社会的。”更有甚者，把藏书票与当时风靡西方世界的查尔斯顿舞与爵士乐相提并论，视其为资产阶级的腐朽产物。转瞬间，藏书票成了没有顺应时代生活方式的多余艺术。很快，来自各方面的打压迫使很多艺术家放弃或缩减了进一步的创作，一些藏书票艺术家协会被迫关闭，与藏书票有关的出版社和学术研究机构也都渐渐萎缩，几近消亡。

进入 20 世纪 30 年代，伴随着斯大林发起的大清洗运动走向高潮，任何离心离

德的行为，任何离经叛道的思想都有可能被检举、被揭发，从而给个人带来厄运，藏书票的处境也由此持续恶化。与藏书票有关的组织和团体陆续被取缔解散，相应的展览、宣传、发行活动基本取消。除了少数在国内藏书票领域曾经做出杰出贡献的艺术家偶尔创作一些作品外，基本没有其他作品问世。尽管俄罗斯藏书票开始停滞不前，开始受到各种打压，但也正是在这个时候，一些新的藏书票艺术家悄无声息地进入了藏书票这个小型版画领域，这里面包括特奥多罗维奇、库扎尼扬以及法沃尔斯基的学生克拉夫佐夫、布尔贡克尔等人。他们开始默默耕耘，在之后的岁月里，再一次刷新了俄罗斯藏书票艺术高度的纪录。

20 世纪 40 年代，坚持藏书票创作的艺术家更是少之又少。除了来自权力阶层已有的偏见和打压之外，最主要的原因是苏联卫国战争的爆发及其所带来的巨大破坏。在如此严峻的时期，藏书票的创作成了个别现象，且新作也都被秘之箧中，束之高阁。可即便如此，这些凝结了艺术家心血和真挚情感的、充满书香的小型版画作品依然顽强地存活着，并持续给为数不多的创作者和拥有者带来了无穷的欢乐。因为他们坚信：这是针对整个藏书票艺术家阶层的特殊时代的特殊现象，但只要书籍尚存，那么书籍的生命伴侣、书籍的名片——藏书票，也会活着，美好的时代一定会到来，那个时候，藏书票艺术会再次发出强有力的声音，并重新在俄罗斯艺术中建立自己的地位。

四、藏书票复苏时期的整体发展状况

直到 20 世纪 50 年代后期，战争所带来的创伤在很多方面得到了修复，随着“解冻时期”的来临，国内局势也得到了缓和与改善，藏书票又重新进入版画家、藏书家的视野，藏书票艺术也开始渐渐缓慢、稳步而坚定地积蓄着力量。同时，人们对藏书票艺术价值的重新认识也引起了媒体的关注，各种报纸和杂志陆续发表了大量有关藏书票及其历史、创作者、藏书票收藏、藏书票展览的文章和报道。

在莫斯科，藏书票经历了长久的中断之后，开始迎来新的发展机遇。20 世纪 20 年代幸存下来的一些优秀艺术大师开始回归，这其中包括那些从前对藏书票“感冒”的艺术家和以前忽略藏书票重要意义的艺术家。这里需要说明的是，俄罗斯艺术家们在国家美术院校并没有接受过任何有关藏书票美术知识的专门教育，他们完全是凭借个人志向、个人意愿以及肩负的使命才加入藏书票创作队伍中来的，他们为振兴祖国的藏书票而不懈奋斗着。这种小型版画还成功地吸引了很多年轻人，他们当中的一些人后来甚至进入了大师行列。而这仅仅是一个被长久打压之后的复苏时期，对很多艺术家来说，一切才刚刚开始。但是也出现了一些特例，其中的代表人物为莫斯科艺术家特奥多罗维奇。在这个时期他已经达到了创作的顶峰，但令人感到惋惜的是，他的作品直到他 1964 年去世之后才公之于众，之前只是在拥有其作品的藏家圈子中享有极高的声誉。他的藏书票作品中图案、构思乃至字形都精美绝伦，如同“过

40 | 4

40 特奥多罗维奇藏
72mm x 65mm 1956 年 锌
41 基拉·葛罗米柯藏
76mm x 39mm 1958 年 锌

去时代”的记录，满怀对俄罗斯经典人文的敬意。他的作品不仅进入了俄罗斯藏书票艺术的金色殿堂，并且留下了属于自己的鲜明印记。1956 年他为自己创作了带有托尔斯泰肖像的藏书票（图 40），以此向这位俄罗斯伟大的作家致敬。1958 年，他为基拉 · 葛罗米柯制作了一款藏书票（图 41），刻画了一个美丽的剪影，一个年轻的女性拿着一本翻开的书，整个人被漂亮的花边紧紧环绕，泰然自若，从每一处细节到花体字母的设计都经过了深思熟虑。

同一时期，圣彼得堡藏书票群体由于在卫国战争中遭受了重创，很多艺术家甚至为此献出了宝贵的生命，老艺术家人数骤减，但一些新人的加入为这个群体补充了新鲜血液。经过他们的不懈努力和老一辈艺术家的悉心指导，在多年的沉寂之后，圣彼得堡藏书票创作也开始渐渐复苏。

而在俄罗斯其他地方，大批在战后受过良好美术专业教育的年轻版画家开始崭露头角，全国各地有了质的变化，经过岁月的沉淀后，开始与莫斯科群体和圣彼得堡群体分庭抗礼。

五、藏书票艺术的复兴阶段

俄罗斯藏书票艺术经过近 30 年的停滞之后，在 20 世纪 50 年代后期终于迎来了新阶段的第二个春天，为自 60 年代起的快速复兴及之后发展繁荣的 30 年准备好了充分的土壤。这一切都始于老一辈、中生代艺术家向着小型版画的回归以及富有才华的年轻一代艺术家的加入，大量新增的名字很快将响彻国内甚至世界藏书票界。

（一）复兴阶段莫斯科与圣彼得堡的藏书票发展状况

时间来到了 20 世纪 60 年代初，在莫斯科，一些立志于复兴俄罗斯藏书票的艺术家们成立了一个小型团体，几乎囊括了当时莫斯科所有优秀的版画艺术家。他们作为当时俄罗斯版画界的中坚力量，率先打出了复兴的旗帜。其中大多数人师从名家、技艺精湛，同时又具有强烈的民族责任感。他们被统称为中生代，代表人物有：

克拉夫佐夫、拉普申、戈利亚霍夫斯基、康斯坦丁诺夫、瓦基丁、库扎尼扬、波利亚科夫等。在他们的感召下，许多新生力量也源源不断地加入进来，这些新生代中比较出色的有弗罗洛夫、卡拉什尼科夫、卡利塔、拉特纳、韦尔霍兰采夫、萨波日尼科夫、库罗夫、莫罗佐夫、博代、切尔诺夫等，在他们身后，还有长长一串艺术家的名字。特别是在 20 世纪 70 至 80 年代，老一代艺术家相继去世，中生代与新生代艺术家在藏书票创作中，凭借超强的独创性，特别是对藏书票本质的独特观点而显得出类拔萃，慢慢占据了主要地位。他们的作品不仅体现了完美高超的创作技巧和题材的广阔性，还包含了人性的温暖、幽默的风格和真挚的愿望，使得莫斯科藏书票在表现力、象征性、简洁性、艺术性、版画性方面均达到了很高的水准。正是凭借他们的共同努力，莫斯科藏书票率先在国际上得到了认可并跻身该领域的国际第一行列。之后始终保持着自己的创作优势，引领着整个俄罗斯藏书票艺术的走向。

克拉夫佐夫是法沃尔斯基后期最得意的弟子之一，他惜“刀”如金，作品简洁精练，严肃中又不失幽默，具有令人信服的象征意义。他不仅为私人藏书创作藏书票，为众多国家公共机构的大型图书馆设计藏书票更是重中之重。1963 年，为了能够以更加新颖的方式解决尤里·加加林（苏联著名宇航员，第一个进入太空的人）藏书票的主题设计问题，他设法避开了惯用的闪烁的群星与火箭的形象，选用了更为形象生动的宇航员形象（图 42）。画面中，已处在失重状态下的加加林，还不忘挥笔写下“加加林藏书”来记录这一神圣时刻。1967 年，在俄国十月革命五十周年纪念日到来之际，他应邀为苏联革命博物馆创作了一款有着大型纪念碑式气势的藏书票（图 43）。画面中一名武装工人高举革命旗帜，与士兵、水手和持步枪的农民一起走向“胜利的十月”。博物馆领导对这款藏书票作品大加赞许，并迅速将其归入稀有藏书票目录之中。

同样师从法沃尔斯基的拉普申，作品皆为原创且充满个性，即使在没有边框环绕的情况下，构图依然完整，有着特殊的表现力和凝聚力。他的大部分作品采用俄罗斯传统民间雕刻风格，刻线细腻清晰，或反映了定制者的职业和藏书内容，或描述了定制者魂牵梦绕的故乡风景。他曾到自己最喜爱的诗人叶赛宁的故乡做客，并应叶赛宁的妹妹叶赛尼娜之邀，为其创作了一款藏书票（图 44），刻画了叶赛宁在故乡的房舍，细腻而敏锐地道出了叶赛宁诗歌中大自然的奇妙以及乡村生活的迷人之处，也体现出了拉普申本人对新时代乡村生活以及日常劳作的喜爱之情。

作为著名艺术大师克拉夫琴科的学生，戈利亚霍夫斯基拥有导师那种宏观的浪漫主义艺术视角，并充分发挥了自己即兴创作的才能。虽然与克拉夫琴科相比，他的作品少了几分锐利和激情，但多了几分柔和与真诚，更具抒情性，亦更加人性化。在作品中他偏好戏剧化的场景，并善于依此创作出打动人心的浪漫形象。在为俄罗斯著名哲学家及珍本书籍收藏家拉孙斯基创作的藏书票（图 45）中，一个艺术青年拿着书籍和画夹，在夜色中匆匆赴约，而在拐角处等待的姑娘面若桃花，优雅中略带羞涩，惹人怜爱。如同生活写实片段的作品散发着知识分子特有的浪漫主义情调。在另一款为国立艾尔米塔什博物馆（冬宫）创作的藏书票（图 46）中，他在构图时截取了博物馆入口处的标志性建筑——阿特拉斯巨神群像景观的一部分，虽没有进行完整的刻画，但整个画面依旧雄伟壮观。这两款作品一经推出，便引起了人们的注意，特别是其中的花体字，它们有机地融入了画面，在形式上与同时代舒展流畅的手写体接近，使其本身也成为一种极其优美的装饰性图案。这两枚具备书籍版画和架上版画特征的藏书票，通过字体与画面的巧妙组合成了完整意义上的藏书票典范，被认为是他的经典之作。

除此之外，法沃尔斯基的学生、俄罗斯著名的字形设计大师库扎尼扬的花体字藏书票在场景类藏书票占绝对优势的局面下显得独树一帜。他把对字形设计的热爱自然而然地带到了藏书票领域，开始采用以手绘钢笔画为创作形式、以花体字为主要内容的藏书票创作。这些单色或套色的藏书票严谨、稳重，充满了书卷气，在情感分寸上也把握得恰到好处，就连最微小的细节也设计得十分精致优雅，成为绝佳

Из книг Юрия Гагарина

С.С.С.Р.
EX LIBRIS
М·У·З·Е·Й
РЕВОЛЮЦИИ

EX LIBRIS
А. ЕСЕНИНОЙ

Ex Libris
Олега
Ласунского

42 | 43 | 46
44 | 45

42 尤里·加加林藏书

60mm x 50mm 1961 年 木口木刻

43 苏联革命博物馆藏书

84mm x 70mm 1967 年 木口木刻

44 叶塞尼娜藏书

50mm x 32mm 1965 年 木刻

45 拉孙斯基藏书

95mm x 74mm 1964 年 木刻

46 国立艾尔米塔什博物馆藏书

127mm x 86mm 1964 年 木刻

的装饰。他的花体字藏书票是俄罗斯藏书票历史中利用此项技术设计得最优秀的藏书票。需要补充说明的是，在花体字藏书票中，字体很自然地构成了情感表达的唯一图形，也是唯一的装饰手段，因此，这类藏书票并不总是擅于呈现其所有者的深度特征，但它却能展现出创作者作为一名精美版画设计师的才华，其本身也是一种藏书票的专门艺术表现形式，如《博罗达耶夫藏书》(图 47)、《米纳耶夫藏书》(图 48)、《武尔藏书》(图 49)。

新生代最主要的代表弗罗洛夫是法沃尔斯基晚年的得意门生，他擅长动物造型，作品中那些带有动物造型的藏书票最为著名，其中有很多作品是专门为孩子们创作的。当孩子们看到那些无须附加任何解释的、生动有趣的小猫、小熊、小鹿、小老虎、小岩羚羊时，就会对小动物产生无限的热爱，心里泛起阵阵暖意，无不发出会心的微笑，从而愉悦地走进阅读之中，如他取材于民间童话故事情节的儿童类藏书票作品《塔纽希娜藏书》(图 50)。

俄罗斯著名版画家伊万·巴甫洛夫的学生卡拉什尼科夫，积极参加并组织了大量的国内外展览，为俄罗斯藏书票艺术赢得世界声誉做出了杰出贡献。他的作品题材多样，在构图的完美性和情绪的把控性方面都取得了极大的成功。他那些有关音乐题材的作品非常引人入胜。如他为世界著名指挥家卡拉扬创作的《卡拉扬藏书》(图 51)，我们第一眼便会被莫扎特在萨尔茨堡上空的形象所吸引，他仿佛正在指挥一支看不见的乐队。这样的构思主要是基于萨尔茨堡是卡拉扬的诞生地，更重要的是，这里曾经诞生世界上最伟大的作曲家之一莫扎特，二者同为萨尔茨堡永远的骄傲。再如他为享誉世界的苏联著名作曲家哈恰图良创作的藏书票（图 52),刻画了作曲家最具代表性的、扬名世界的作品——《马刀舞曲》，乐谱上跳动的音符化身为一簇簇挥舞的马刀，把

47 | 4
49
50 | 5

47 博罗达耶夫藏书
37mm x 73mm 1969 年 双套色锌版
48 米纳耶夫藏书
46mm x 62mm 1968 年 双套色锌版
49 武尔藏书
71mm x 60mm 1968 年 双套色锌版
50 塔纽希娜藏书
52mm x 71mm 1964 年 木刻
51 卡拉扬藏书
96mm x 63mm 1967 年 木刻

Ю. Бородаев
EX LIBRIS

Из книг
Е.Н.
Ми
нае
ва

Из книг
С·А·ВУЛЬ

Танюшина книжка

EX LIBRIS
HERBERT VON KARAJAN

视觉与听觉的完美结合演绎得淋漓尽致。

著名插图艺术家卡利塔的作品简洁且富有表现力，构图优美且不受边框的限制。如他为苏联著名儿童文学家兼剧作家马尔沙克创作的藏书票（图 53）。

毕业于莫斯科建筑学院，后长期担任剧院舞台布景师的拉特纳，在藏书票作品中把建筑结构和创作的形象天然地结合起来，构图精美自如，且不受边框的限制，做到了实用价值与艺术价值的高度统一，如他为占尼 · 曼特罗（意大利著名建筑师，著名的藏书票收藏家，是 20 世纪 50 至 60 年代许多国际藏书票大会的发起者和创办人）创作的带有意大利经典建筑景观的作品（图 54）。

20 世纪 60 年代初毕业于美术院校的韦尔霍兰采夫创作的那些具有奇妙梦幻情节的藏书票极其生动，充满丰富的想象力，他的雕刻技术也达到了很高的水平，如《马谢耶夫藏书》(图 55)。

莫罗佐夫的藏书票作品在象征性方面表现得非常突出和鲜明。如在 1964 年为享誉世界的、苏联“图”系列飞机的总设计师图波列夫设计了“代达罗斯”形象的藏书票（图 56），一个巨人展开双翅在云中翱翔，彪炳着图波列夫的功绩。代达罗斯是希腊神话中的神，是建筑家、雕刻家、艺术家的化身，以擅长各种工艺技巧而著名。

20 世纪 60 至 80 年代，圣彼得堡藏书票创作速度势头有所减缓，老一辈的艺术家中从事此项创作的寥寥无几，藏书票创作基本上成为中生代以及新生代的“专利”。尽管圣彼得堡藏书票在人数与作品数量上均不及莫斯科，但在作品质量方面的差别却并不明显。他们继承并发扬了老一辈的优良传统，进一步丰富了藏书票的艺术手法和内容。其中，中生代的代表人物有乌申、波奇捷内伊、谢尔久科夫、斯特里扎克等，新生代的代表性人物有科法诺夫、韦列夏金、奥列格 · 亚赫宁等。这两代人虽然

53 | 5
52
56 | 5

52 哈恰图良藏
62mm x 55mm 1967 年 木
53 马尔沙克藏
50mm x 97mm 1967 年 木
54 占尼 • 曼特罗藏
121mm x 78mm 1970 年 麻胶
55 马谢耶夫藏
115mm x 106mm 1968 年 木
56 图波列夫藏
52mm x 73mm 1964 年 木

из книг
И. МАРШАКА

EX LIBRIS
GIANNI
MANTERO

Из книг
Арама Хачатуряна

EX LIBRIS А.Н. ТУПОЛЕВА

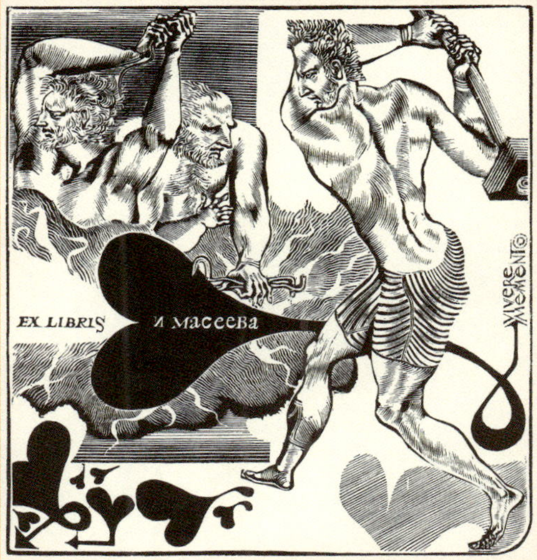
EX LIBRIS
И МАСЕЕВА
VIVERE MEMENTO

在这个阶段共同为圣彼得堡藏书票艺术的发展做出了积极贡献，但按照他们的创作潜能以及取得的成就来看，远远不及“艺术世界”的艺术家们开创的奠基时代以及 20 世纪 20 年代的辉煌时期。

乌申创作的最大特点就是可以对时代特征和人类情感进行异彩纷呈式地、抒情性地、戏剧性地刻画。他为战地记者、苏联著名诗人杜金创作了一款有关卫国战争期间著名的列宁格勒（今圣彼得堡）保卫战的藏书票（图 57），场景为当时街头随处可见的防坦克桩寨。乌申曾经为杜金的反映英勇的军民共同抗击侵略者事迹的诗集《沃罗尼亚山之歌》创作插图。这款藏书票在再现诗歌内容的同时，也展示了他一生中最刻骨铭心的回忆。

作为新生代的代表，科法诺夫更喜欢从俄罗斯经典文化中去寻找创作灵感。他经常以普希金文学作品为创作题材，以普希金形象为原型、以作品中的人物和景物为线索进行创作（图 58），作品画面简洁质朴，浪漫气息扑面而来。

57 | 5

57 米哈伊尔 · 杜金藏
115mm x 75mm 1976 年 麻胶
58 武尔藏
52mm x 67mm 1974 年 麻胶

（二）复兴阶段地方藏书票艺术流派的崛起

从 20 世纪 60 年代起，俄罗斯地方藏书票界异军突起，快步走上了藏书票艺术的历史舞台。

随着俄罗斯文化教育事业的蓬勃发展，书籍几乎走进了千家万户，全民掀起了一场读书藏书热潮，几乎每个家庭都拥有属于自己的藏书室，书籍与人们的生活变得密不可分。伴随着人民文化水平以及艺术品味的提高，越来越多的藏书主人希望可以利用具有艺术性的藏书票来装饰自己的书籍已是情理之中的事了，这就为地方藏书票事业的迅猛发展创造了必要的条件。如果对藏书票的分布区域进行划分，很容易看到，在 20 世纪 20 至 30 年代，藏书票主要出自莫斯科、圣彼得堡艺术家之手，藏书票的主人也来自这些城市，而此时则很难找出一个没有藏书票的创作者或藏书票主人的城市了，藏书票甚至传播到了那些以前对藏书票闻所未闻、极为遥远的地区。在各地，藏书票创作者以及爱好者对小型版画给予了大力支持并进行了有力宣传，特别是受过良好美术教育的青年版画艺术家也积极加入进来，对藏书票的发展起到了积极的推动作用。最让人感到惊奇的是，很多版画艺术家的版画创作之路都是从藏书票创作开始的，随着对藏书票的不断深入探索，对书籍版画、架上版画也产生了浓厚的兴趣，由此可见藏书票魅力无穷，深入人心。

此外，地方艺术家们还在原有的基础上糅合了民间装饰艺术、传统俄罗斯木质建筑艺术、古俄罗斯壁画艺术、民间圣像艺术以及民间木雕艺术等诸多元素，为藏书票艺术增加了鲜明的地方特色。在他们的作品中可以清晰地看到俄罗斯藏书票与俄罗斯传统、俄罗斯历史以及文化的紧密联系，特别是与古俄罗斯艺术的联系。凭借这些来自不同地区、不同城市的艺术家与莫斯科、圣彼得堡艺术家的创作，俄罗斯藏书票无论从题材还是形式上都得到了明显的扩展。它开始与个人经历、社会事件、民族情感以及时代精神紧紧相连，不仅反映人们真实的情感，也反映他们对历史、对祖国以及对周围世界所持的态度。

20 世纪 70 年代和 80 年代，地方藏书票艺术在俄罗斯藏书票领域取得了重大突破。按照艺术线索和收藏线索来看，除了莫斯科和圣彼得堡之外，又出现了一些新的，以沃洛格达地区最具代表性的藏书票艺术高速发展中心（在这里，必须要提到一个名字，那就是为俄罗斯地方藏书票的复兴做出了不可磨灭的贡献的伊文斯基。他的到来，使沃洛格达地区成了影响至今的俄罗斯藏书票重地。他不但大力培养地方藏书票艺术家，还积极促进莫斯科、圣彼得堡与地方藏书票的艺术交流，并与卡拉什尼科夫等人一起举办各类国内外藏书票艺术展。同时，他还著书立传，为后世研究俄罗斯藏书票历史提供了大量可靠、翔实的资料）。地方藏书票不仅在数量上大大增加，在质量上也有了明显提高。很多地方艺术家的作品质量及其创作潜能毫不逊于甚至超过了莫斯科和圣彼得堡一些优秀艺术家的水平，他们也成了诸多国内外有影响力的藏书票展览的获奖者，如布尔马金夫妇、纳戈维岑、科佩洛夫、西尼洛夫、库兹涅佐娃、费奥多罗夫·莫利博任科、马林、潘科夫、帕什托夫、谢特涅夫、图罗夫、斯瓦洛夫等。他们与莫斯科和圣彼得堡的艺术家们一起把俄罗斯藏书票的水平推动到了一个新的高度。

布尔马金夫妇是地方藏书票艺术家中最优秀的代表。他们夫妇二人共同创作的作品是浪漫与现实的多重组合，同时还伴随着民间艺术的自信，有着强烈的民族性和鲜明的沃洛格达地方特色以及布尔马金夫妇式的悠扬的沃洛格达腔调的创作语言，这种艺术语言是他们共同探索的艺术结晶。他们为比利时布鲁塞尔博物馆昆虫馆的负责人科拉尔创作了一款非常传统的、具有优雅的对称结构的藏书票（图 59）。这是一款典型的“献礼式”藏书票，甚至可以说是一幅小型的、展示俄罗斯北方特色的、具有架上版画特征的作品。一只套着缰绳的鹿在灿烂的星空中驻足，星空下是一个在火堆旁取暖的北方女孩。艺术家用简洁的艺术形象表现出北方最基本的环境和生活特征。画面底部是一只展开双翅的飞蛾，这暗示了藏书票定制者的职业。夫妇二人为俄罗斯艺术史学家科罗柳克制作的藏书票（图 60）也很独特，直接采用民间图画的形式，刻画了手拿自酿白酒、独自忘形畅饮的丈夫以及手握炉叉、时刻准备对丈夫施以家教的妻子，并附一句民间俗语："酒是我们的仇敌，有害且会带来痛苦。"将俄罗斯民族自古对酒的嗜好以诙谐的方式淋漓尽致地展现了出来。在为爱徒谢特涅夫创作的一款藏书票（图 61）中，艺术家再次利用了平面装饰风格，并且将俄罗斯的主保圣人圣·乔治屠龙的主题按照自己的方式进行了演绎。传说中的圣·乔治在作品中成了一个穿着衬衫的农村小伙子，鞋子肥大，长发在风中飞舞，骑着一匹带有简朴民间纹饰的大马，手中也不再是传统印象中的长矛，而是一把大大的刻刀，直指"藏书票"这个单词的最后一个字母，恶龙也被变成了一块块刻版。整件作品传达出勉励爱徒勇于战胜一切困难、不断完善自己、争取早日成为一名技艺精湛的版画家的深长意味。

同为沃洛格达地区艺术家的纳戈维岑，雕刻技术炉火纯青，作品曲调激昂，线条朴实简洁。他常常通过刻画故乡的自然风光、建筑景致、民俗服饰、民间泥偶来表达对故乡的眷恋与喜爱之情（图 62）。

下塔吉尔市艺术家科佩洛夫创作了大量反映政治人物、诗人和作家形象的作品，并喜欢在作品中反映藏书票拥有者的私人兴趣。作品想象力丰富，内容充实，构图完整（图 63）。

以创作质量和数量著称的卡梅申市艺术家西尼洛夫，为普希金的作品创作了若干系列的藏书票（图 64）。此外，他一生也没有放弃自己酷爱的海员职业，大海以及水手形象经常出现在他的作品中（图 65）。

所有熟知克麦罗沃市艺术家马林作品的人，都被其作品画面的优美典雅、线条的精细清晰、印制的整洁干净深深折服。待人真诚、坦率，并充满善意——正是他本人以及他作品的主要品质。俄罗斯文学与世界文学的永恒形象是很多艺术家经常选用的主题，但在寻找新的创作空间以及图像解决方案方面，马林是少数出色的代表之一。他竭尽所能去感知奥秘中的奥秘，冲破一切迷雾去体会伟大文学创作的中

EX LIBRIS
COLLAR

ИЗ
КНИГ
М.М
КОШКИНА.

ЩЕТНЕВА
EXLIBRIS

59	62	60	63	64
61		65		

59 科拉尔藏书
78mm x 50mm 1967 年 木刻

60 科罗柳克藏书
60mm x 42mm 1968 年 木刻

61 谢特涅夫藏书
45mm x 36mm 1969 年 木刻

62 科什金藏书
112mm x 58mm 1964 年 麻胶版

63 克麦罗沃藏书票爱好者俱乐部藏书
63mm x 37mm 1966 年 金属版

64 潘克拉托夫藏书
95mm x 35mm 1974 年 木刻

65 斯特罗科夫藏书
83mm x 50mm 1974 年 木刻

心思想。他的每一款藏书票都广泛地勾画出了每一位持有人对文化的痴迷、人生的愿望以及内在的渴望，如《武尔藏书》(图 66)、《波诺马连科藏书》(图 67)。

克拉斯诺亚尔斯克市艺术家图罗夫的作品充满了抒情格调。他的作品采用木刻版画、麻胶版画技术，多方面地反映了他的创作情趣，生动而富有诗意。他以独一无二的视角展示着自己的故乡克拉斯诺亚尔斯克边疆区的风土人情及民间传说，这些特点一直贯穿着他的创作生涯（图 68)。

在同属于克拉斯诺亚尔斯克的艺术家斯瓦洛夫的藏书票上，经常出现故乡的风景名胜和郊区生活，此外，他还创作了很多带有浓郁民间特色的动物造型的藏书票，如他为库里岑创作的姓氏藏书票（图 69)，库里岑在俄语里有“鸡”的意思。斯瓦洛夫与图罗夫、马林等人一起代表着俄罗斯西伯利亚地区藏书票的整体创作水平。

（三）复兴阶段所取得的成就与意义

20 世纪 60 至 80 年代，凭借地方艺术家与莫斯科、圣彼得堡艺术家们的共同努力，俄罗斯小型版画特别是藏书票艺术翻开了辉煌的新篇章。藏书票艺术在俄罗斯得到了广泛传播和空前发展，成了真正群众性的艺术。而藏书票也成了书籍真正的艺术伴侣，成了俄罗斯小型版画艺术的一个组成部分，成了俄罗斯美术文化的一分子，成了民族书籍文化以及民族文化艺术水平的见证者，成了具有历史意义的有关书籍收藏者的文献资料和独特的美术作品。此时的俄罗斯藏书票也成为唯一代表国家艺术的，在国际展览上获得普遍认可的，荣获了数十项重要奖项的艺术类别，其中的很多优秀作品被公认为达到了国际领先水平。

俄罗斯藏书票在展现高超技艺的同时，还为小型体裁的版画增添了新鲜的现代内容，向许多外国的大师们展示了藏书票在选题方面比以往更宽广的乃至无限的疆界。俄罗斯藏书票先是走进了千千万万的藏书室，丰富了藏书室；随后又从藏书室走进了展览大厅，令万人瞩目；之后又走

66
68

66 武尔藏
50mm x 38mm 1977 年 双套色锌
67 波诺马连科藏
67mm x 44mm 1983 年 双套色锌
68 米纳耶夫藏
78mm x 76mm 木
69 库里岑藏
62mm x 41mm 1974 年 麻胶

из книг
С·А·Вуля

ШЕВЧЕНКІАНА
А·ПОНОМАРЕНКО
КИЇВ

EX LIBRIS
Е. МИНАЕВА

СВ
ИЗ КНИГ
В.Н.Курицына

进了博物馆，成了永久陈列的艺术珍品，为自己树立起如同空间和时间一样永恒的艺术形象。俄罗斯藏书票艺术在这个阶段迎来了自己最辉煌的时代，进入了最高潮也是最繁盛的时期，达到了史无前例的巅峰。

在这个阶段，为俄罗斯藏书票艺术做出贡献的不仅仅是艺术家们，还包括书籍收藏家、藏书票收藏家、理论家、评论家、活动家、各类艺术团体以及出版社和杂志社。他们在行动、舆论以及理论上的大力支持，同样为俄罗斯藏书票获得巨大国际声誉并达到与欧洲水平相媲美的程度做出了巨大贡献。

六、20世纪90年代初至今的状况

俄罗斯藏书票艺术的辉煌期并没有持续太久，在 20 世纪 90 年代很快就暗淡下来。随着国情的巨变以及生活方式的转变，俄罗斯藏书票的境况迅速陷入混乱。加之多媒体技术的高速发展，传统纸媒特别是纸质书籍受到了前所未有的冲击，俄罗斯藏书票艺术愈发衰弱，特别是在实用性方面，更多的是偏重于交换与收藏。这其中最令人惋惜的是新一代的年轻艺术家们，虽然不乏坚持者，如韦列夏金、谢特涅夫、卡济莫娃、古泽纽克等，但大部分人的创作潜能还没有完全被激发出来，就遭遇了时代的变革，不能不说是极大的遗憾。其实，不仅仅是俄罗斯藏书票艺术遭受到了空前的打击，世界藏书票艺术也面临这个难题。但人们一如既往地相信，这种凝结了艺术家的汗水和真挚情感，诠释了拥有者的个性和藏书内容，充满书香的小型版画作品无论如何都会存活下去。因为它与书籍不可分割，只要纸质书籍存在，它就会存在，这是它在漫长的历史进程中，依据其顽强的、坚不可摧的生命力早已得出的结论，也被无数加入这支创作大军的新人如祖耶夫、皮丘金、尤里 · 莫利博任科、科祖布、科捷利尼科娃、里亚博娃等人所证明。

七、结论

俄罗斯藏书票艺术史，以 1917 年俄国十月革命为节点分为前后两个主要大阶段，历经数百年，走过了一条具有俄罗斯特色的、艰辛而漫长的发展之路。经过几个世纪的蛰伏，尝试过本土化新形式的探索，沐浴过兴起时刻的荣光，承受住了打压时期的沉寂，更有跌入谷底的坚持，最后又迎来了凤凰涅槃后的辉煌。幸福与苦难共存，继承与创新并举，呈现出了错综复杂的历史景观，反映了人类紧随时代发展的内心感受与观念，甚至是具有重大社会意义的思想。因此，从整体而言，藏书票也成了俄罗斯文艺生活与命运的一个微观缩影。它用自己走过的道路向我们诠释了“藏书票”一词的完整含义，从一个保护书籍、使其免遭盗窃的标志，到成为证明拥有早期藏书室的有钱人的高贵身份的标志，最后一跃成为书籍主人向书籍表达敬意的标志：书籍主人在书籍中粘贴一枚充满艺术感的藏书票，这本身即足以证明书籍主人对人类忠实的朋友和亲密的伴侣——书籍所应具有的一种谨慎和热爱的态度。

藏书票是关于藏书家的小故事——关于他的书籍，关于他的内心世界；也是关于艺术家的小故事——关于他的创作理念，关于他的创作手法；更是藏书家与艺术家两者之间友谊的见证。它凝聚了艺术家（创造者）和藏书家（定制者）的无穷想象力，可以肯定地说，各种已有的和正有待于进一步探索的艺术流派在这个造型领域都找到了属于自己的影子，正如拉脱维亚著名诗人扬·苏德拉布卡尔恩所赞扬的那样：“藏书票版面虽小，但它所呈现的世界却是博大的。”

小小藏书票造就无数传奇。

Вторая часть. 下篇

Павлов Иван Николаевич 伊万·巴甫洛夫

伊万·巴甫洛夫（1872—1951），全名为巴甫洛夫·伊万·尼古拉耶维奇（Павлов Иван Николаевич）。俄罗斯著名版画家，俄罗斯人民艺术家。

伊万·巴甫洛夫是俄罗斯著名版画大师，在俄罗斯艺术史中占有极其重要的地位，他的作品最早在20世纪经由鲁迅先生选编的《苏联版画集》（译作伊凡·潘夫洛夫）被介绍到中国，赢得了艺术家及广大读者的喜爱。

伊万·巴甫洛夫开始创作藏书票时已经是著名的艺术家了。他采用木刻版画技术，一生共创作了70多款藏书票作品，基本是在1920—1922年完成的。除他之外，当时俄罗斯没有任何一个艺术家能在如此短的时间里创作数量如此之多的藏书票，但他的藏书票的雏形却源于更早以前，1910年所作的第一款藏书票是按照当时著名版画家帕夫利诺夫提供的图案创作出来的。

他早期的藏书票创作并不完全独立，大都是按照别人提供的图样创作完成的。但在创作风格上，他通过采用不同的雕刻工艺以及处理手法而使这些作品显得风格各异。从1926年起，他创作的藏书票开始按照自己独立的构思来完成。他的藏书票在形式上一贯均衡、规范、清晰，不仅如此，还拥有轮廓呈四边形、六边形、八边形或者椭圆形的几何维度，而且中心图案总是被异常华丽的边框环绕。

他的藏书票作品根据题材可以分成三个较为特定的类别。其中最重要的是建筑风景类的，这类场景大多取材于莫斯科郊区的庄园。其次，在他的藏书票作品中还可以看到他喜爱的莫斯科的角落，如城市内的胡同、小乡村的小房子、舒适的免税品小院等，这些从前的“角落”在城市中依然是安静而沉睡着的。除此之外，他的作品中还经常出现一些举世闻名的、超大型的建筑古迹，这个时候，伊万·巴甫洛夫会巧妙地从中选取一个局部作为细节来进行刻画。

所有的建筑类作品通常会巧妙地放在一个十分优雅的装饰边框之中。他将建筑风景的创作推到了顶峰，这些作品可谓尽善尽美，都可以认为是典型的“巴甫洛夫式”藏书票。

虽然他创作的藏书票最重要的组成部分是风景，但他还是努力通过其他题材使此类作品更加多样化。其中，肖像类作品也较为常见。这类作品的特点是通过抓住人物的性格特征而使作品与肖像主人达到高度的相似。这类作品通常在风格上很相似，均借鉴了 19 世纪版画的创作风格，并且装饰手法也与那个年代的作品相符，同时，画面的场景以及人物的服饰也均属于那个时代。

伊万·巴甫洛夫虽然创作的藏书票数量不多，但却多方面、多角度地反映了他与众不同的创作道路，这位艺术家把在创作架上版画取得的成就也及时地通过其藏书票作品淋漓尽致地展现了出来。

在俄罗斯 20 世纪 20 年代的藏书票艺术领域中，这位一生都在各种艰苦的条件下从事创作、遍尝生活艰辛的艺术家，这位一直坚信版画有着巨大的潜能和崇高的意义的艺术家，以俄罗斯版画奠基人之一的地位被永远地载入了俄罗斯的艺术史册。

ИЗ КНИГ
В НОГТЕВА
ИП

ИСКУССТВО В ПРОИЗВОДСТВЕ
КНИГА
А.В.
СЕМЕНОВА

EX LIBRIS

И.
П
ИЗЪ КНИГЪ
В.А. СПЕРАНТОВА

1 | 2 | 5
3 | 4 | 6

1 诺格捷夫藏书
93mm x 62mm 1920 年 木口木刻
2 谢苗诺夫藏书
69mm x 50mm 20 世纪 20 年代 木口木刻
3 拉扎列夫斯卡娅藏书
44mm x 36mm 1924 年 木口木刻
4 斯佩兰托夫藏书
42mm x 46mm 1921 年 木口木刻
5 巴甫洛娃藏书
63mm x 61mm 20 世纪 20 年代 木口木刻
6 基谢廖娃藏书
75mm x 49mm 1923 年 木口木刻

ИЗ КНИГЪ Н.П.ТИХОНОВА
ИП

- ИЗ КНИГ -
В.А. СВИТАЛЬСКОГО

ИЗЪ КНИГЪ
В.В.
ГОЛЬЦЕВА
ИП

АЛИСЫ
ЛЕВЕНТАЛЬ
И.
П.

=ИЗ КНИГ=
ИП
ХРИСТИНЫ
ЧЕШУИНОЙ

7 | 8 | 12
9 | 10 | 13
| 11 |

7 季霍诺夫藏书

51mm x 63mm 1921 年 木口木刻

8 斯维塔利斯基藏书

37mm x 45mm 1925 年 木口木刻

9 利文塔尔藏书

72mm x 54mm 1923 年 木口木刻

10 戈利采夫藏书

26mm x 37mm 1926 年 木口木刻

11 切舒伊娜藏书

61mm x 42mm 1926 年 木口木刻

12 阿布拉姆采沃博物馆藏书

60mm x 62mm 1926 年 木口木刻

13 阿达留科夫藏书室

60mm x 42mm 1926 年 木口木刻室

КНИГА
В.И.СОКОЛОВА

EX-LIBRIS
П. М.ЮЖНАГО

EXLIBRIS
А.А.МИХАЙЛОВОЙ

14 17
15 16 18

14 索科洛夫藏书
88mm x 68mm 1928 年 木口木刻

15 尤日内藏书
53mm x 43mm 1926 年 木口木刻

16 米哈伊洛娃藏书
55mm x 37mm 1926 年 木口木刻

17 伊万诺夫-捷连季耶夫藏书
70mm x 53mm 1921 年 木口木刻

18 邦达连科藏书
57mm x 40mm 1926 年 木口木刻

Чехонин Сергей Васильевич 切霍宁

切霍宁（1878—1936），全名为切霍宁·谢尔盖·瓦西里耶维奇（Чехонин Сергей Васильевич）。俄罗斯版画艺术家、油画家、陶瓷艺术家，著名艺术团体“艺术世界”成员。

切霍宁于1878年出生于尼古拉耶夫铁路沿线的一个机械师家庭。因家境贫寒，15岁就开始自谋生计，先后从事过船站文员、制图员、出纳员等职业。1896—1897年就读于圣彼得堡帝国艺术学院（今列宾美术学院），并同时在公主捷尼舍娃开办的学校学习，其间师从名师列宾学习直至1900年。1905年第一次俄国革命后不久，转向线描画艺术。起初，他在讽刺杂志上担任漫画师，随后不久开始从事书籍设计工作。20世纪最初十年，切霍宁凭借自己的作品迈入俄罗斯书籍艺术高水平大师行列，并开始制作藏书票。

1917年俄国十月革命后至1928年年前这一阶段，切霍宁融合当时西欧各艺术流派的流行元素，在创作上借鉴书籍、海报、广告、瓷器等设计理念，大胆追求黑色的点与线作用于纸张上的效果，采用明与暗、较大的单色块与细腻的线条的对比游戏，把艺术世界的装饰风格（花环和花束）直接引入创作当中，在简洁性以及场景与字形、艺术语言风格的统一性方面做到了整齐划一，产生了许多具有革命象征意义的作品，对当时处于转型时期的艺术界的僵化的创作模式产生了巨大的冲击。

1 索科洛夫斯卡娅藏书
95mm x 75mm 1921 年 锌版

ИЗ КНИГ
ИВ.
ЛАЗАРЕВСКОГО

МУЗЕЙ
РЕВОЛЮЦИИ

2 | 4 | 5
3

2 拉扎列夫斯基藏书

68mm x 49mm 1922 年 锌版

3 革命博物馆藏书

67mm x 55mm 1923 年 双套色木刻

4 维切格扎宁娜藏书

75.5mm x 53.0mm 1923 年 木刻

5 谢尔盖·切霍宁藏书

74mm x 92mm 1922 年 锌版

Шиллинговский Павел Александрович 希林戈夫斯基

希林戈夫斯基（1881—1942），全名为希林戈夫斯基·帕维尔·亚历山德罗维奇（Шиллинговский Павел Александрович）。俄罗斯著名油画家、版画家、美术教育家，俄罗斯新古典主义代表人物。

希林戈夫斯基于1895—1900年在敖德萨美术专科学校接受教育，1901年考入圣彼得堡高等美术专科学校，师从卡尔多夫斯基，1912—1914年，在著名版画家马泰的工作室学习版画技艺。在老一辈导师们的悉心教导下，他采用铜版画、木刻版画、麻胶版画等技术从事创作，形成了自己的创作风格，并与很多出版社展开合作，作品题材多样，包括书籍插图、藏书票、书籍装帧、架上版画等，终成一代书籍插图大师。他一生共创作了12款藏书票作品。

藏书票在希林戈夫斯基的作品中占有重要地位。他的第一款藏书票是采用蚀刻铜版画技术完成的，其余的都采用了木刻技术。他的每一款藏书票都是一首颂歌，都是对自然和人类的伟大赞颂，作品充满了浓厚的装饰意味和新古典主义的典型特征，前景中最常见的是能够表征藏书票所有者人生活动和成就的物品，这些都间接反映出了他本人的性格和兴趣爱好，而这一切都离不开他对18世纪意大利版画的喜爱。另外，严谨平衡的构图、随机嵌入的字形、温柔和谐的色调、处理微妙的细节、坚实明快的刻线、无可挑剔的素描功底以及与书籍的有机融合在无意之中增加了作品的韵味，更使他在版画界显得与众不同。

1 卡里尼安藏书

98mm x 75mm 1928 年 木口木刻

БИБЛИОТЕКА
ИМЕНИ
ЛЕНИНА

БИБЛИОТЕКА
КАЗАНСКОГО
ЦЕНТРАЛЬНОГО
МУЗЕЯ

2 | 3 | 4 | 5

2 列宁图书馆
79mm x 58mm 1925 年 木口木刻
3 喀山中心博物馆藏书
79mm x 55mm 1927 年 木口木刻
4 科尔尼洛夫藏书
73mm x 60mm 1924 年 木口木刻
5 特拉皮岑藏书
75mm x 58mm 1931 年 木口木刻

Павлинов Павел Яковлевич 帕夫利诺夫

帕夫利诺夫（1881—1966），全名为帕夫利诺夫·帕维尔·雅科夫列维奇（Павлинов Павел Яковлевич）。俄罗斯版画艺术家、书籍插画艺术家、木刻版画大师、艺术评论家、美术教育家。

帕夫利诺夫于1881年出生在圣彼得堡。1903年在圣彼得堡帝国艺术学院（今列宾美术学院）学习，师从卡尔多夫斯基，后又前往德国慕尼黑深造。毕业后相继从事过书籍插图、书籍装帧、肖像版画、油毡版画和木刻版画创作等工作，后木刻版画逐渐成为他的主攻方向。在俄罗斯木刻艺术发展特别辉煌的20世纪20年代，他就跻身于木刻大师之列，作品在20世纪30年代通过鲁迅先生选编的《引玉集》（译作保夫理诺夫）和《苏联版画集》（译作潘夫立诺夫）被介绍到了中国，深受中国艺术家及广大艺术爱好者的喜爱。

帕夫利诺夫一生共制作了11款藏书票。他的每一款藏书票都是一部独特的短篇故事，通过引入明暗对比法来实现色调的丰富性，以纯正、清晰的刻线和字形讲述了书籍以及这些书籍的主人与艺术家之间的关系。早期作品内容多针对藏书，以情感克制而著称，对书籍爱好者的评价冷静而平实；后期作品则将注意力转移到了藏书票所有者的职业和爱好上。除了为亲朋好友制作藏书票外，帕夫利诺夫1923年还为俄罗斯中央书局制作了藏书票，强调了书籍作为知识的永恒源泉的巨大作用，作品也从当初的直率和略带节奏感的紧张情绪过渡到了冷静和自信的陈述。

1 谢尔盖·皮亚金藏书

90.0mm x 142.5mm 1925 年 木口木刻

EX LIBRIS
P. ETTINGER

ИЗ КНИГ
ЮРИЯ ЮДИНА

EX LIBRIS
ВАЛЕНТИНЫ
ЮДИНОЙ
№

ИЗЪ КНИГЪ
ПАВЛИНОВЫХЪ

ИЗ КНИГ
М.Ю.ПАНОВА

2	3	7
	5	
4	6	8

2 埃廷格藏书

53.0mm x 58.5mm 1922 年 木口木刻

3 尤里・尤金藏书

54mm x 39mm 1965 年 木口木刻

4 瓦连京娜・尤金娜藏书

65mm x 58mm 1926 年 木口木刻

5 帕夫利诺夫家族藏书

35mm x 51mm 1910 年 锌版

6 帕诺夫藏书

30mm x 65mm 1965 年 木口木刻

7 尼基福罗夫藏书

41mm x 61mm 1932 年 木口木刻

8 费利克斯・科佩里藏书

58mm x 65mm 1922 年 木口木刻

Захаров Федор Иванович 扎哈罗夫

扎哈罗夫（1882—1968），全名为扎哈罗夫·费奥多尔·伊万诺维奇（Захаров Федор Иванович）。俄罗斯著名油画家、版画家。

扎哈罗夫于 1882 年出生于莫斯科一个普通工人家庭。1910—1916 年就读于莫斯科绘画雕塑建筑学校（今苏里科夫美术学院）。1918—1920 年于莫斯科高等艺术暨技术学院执教并参加了一年一度的“艺术世界”团体举办的展览，1923 年定居美国。

他的艺术才能形成于俄罗斯白银时代晚期和十月革命后不久，当时，他置身于各种令人难以置信的艺术热潮中，多方求教并深入研究，有条不紊地、耐心地磨炼构图和色彩解决方案，并在不断追求完美的过程中寻找自己的理想。他在构图上以文艺复兴时期的作品为蓝本，创作了大量的室内肖像或以风景为背景的肖像作品，多款藏书票出现在 1926 年、1928 年于列宁格勒举办的藏书票作品展上，他本人也因此大放异彩。20 世纪 30 至 60 年代，他开始以精致的构思、抒情的形象、精湛的工艺、微妙的光影效果、解决方案的丰富性与复杂性以及高超的技术在纽约艺术多样性的氛围中独树一帜。

他把自己作为古典绘画的继承者并在现实主义方向上坚定前行，作品在历次展览中受到高度赞赏，甚至在 20 世纪 40 至 50 年代油画比赛中常常拔得头筹，很多作品被华盛顿白宫收藏。就连他偶尔为之的藏书票也尽显洛可可风格，其中精致的椭圆形构图，纤细淡雅的人物形象和温馨宁静、田园诗式的场景都令人着迷不已。

薇拉·维奇尼亚克藏书
88mm x 66mm 1912 年 锌版

Митрохин Дмитрий Исидорович　米特罗欣

米特罗欣（1883—1973），全名为米特罗欣·德米特里·伊西多罗维奇（Митрохин Дмитрий Исидорович），鲁迅先生选编的《引玉集》《苏联版画集》中译作密德罗辛。俄罗斯著名版画家、书籍装帧设计师，俄罗斯功勋艺术活动家，著名艺术团体“艺术世界”成员。

作为20世纪初俄罗斯著名艺术团体——“艺术世界”团体主要成员之一，米特罗欣才华横溢、知识渊博、品味非凡、技艺高超，一生共创作了大约50款藏书票。他把对生活的观察和超凡的理解融为一体，开创出独一无二的创作手法。因此，他的名字与20世纪初那些书籍艺术领域充满荣耀的姓名排列在了一起，他们共同将俄罗斯版画艺术提高到了一个前所未有的高度。

在他创作的诸多种类作品中，他不仅做到了简洁明了，还做到了从整体上去表达一个大型主题的个人视角，这种创作理念也被他带进了藏书票的小世界中，这里也存在着大世界的点点滴滴。

藏书票作品属于小型版画的一个分支，但他凭借在书籍装帧设计领域积累的宝贵经验,对其本质和任务进行了全新的解读,为其赋予了新的意义和灵魂。20世纪初，他的藏书票真正克服了针对“皇室公爵”这一族群的狭窄用途边界，对书籍设计进行了有机补充，成为人道主义者和达观人士的象征，他的作品也由此赢得了“水晶品质”的称誉。

他的每一枚藏书票都是一部完美、完整的作品，其中暗含着作者的创作手法、惯用手法以及藏书票主人的生活信仰，是艺术家献给书籍的礼物，绝没有画蛇添足，或与书籍装帧设计相背离的风格。通过他的藏书票作品可了解他的简约主义，他的品味以及在一件小规格的作品中走向巅峰的能力。

ИЗ КНИГ
А.С. КАГАНА

Изъ книгъ
Н.Н.
НЕБУЧЕНОВА

Изъ книгъ
ХАРИЛАЯ ПЕРИКЛОВИЧА
ДIОМОСЪ

Ex Libris
E.BLOECK

1 | 2 | 5
3 | 4 | 6

1 卡甘藏书
79mm x 69mm 1921 年 双套色锌版

2 涅布切诺夫藏书
58mm x 45mm 1915 年 锌版

3 季奥莫斯藏书
65mm x 49mm 1921 年 锌版

4 布勒克藏书
39mm x 45mm 1912 年 锌版

5 热韦尔热耶夫藏书
58mm x 68mm 1913 年 锌版

6 布洛赫藏书
76mm x 58mm 1921 年 锌版

із книг
в. Заміраїло
Д.М.
1922.

Библиотек
ИЖС
Институт
Живого Сл

Из книг
Н.Б. Бакланова

7 | 8 | 10 | 11
9 | | 12

7 扎米赖洛藏书
78mm x 69mm 1922 年 锌版
8 演讲学院图书馆藏书
45mm x 64mm 1921 年 锌版
9 巴克拉诺夫藏书
69mm x 59mm 1924 年 锌版
10 谢坚科–维佳泽夫藏书
63mm x 50mm 1921 年 锌版
11 绍霍尔–特罗茨基藏书
64mm x 53mm 1921 年 锌版
12 托利亚・卡甘藏书
80mm x 64mm 1921 年 双套色锌版

Фаворский Владимир Андреевич　法沃尔斯基

法沃尔斯基（1886—1964），全名为法沃尔斯基·弗拉基米尔·安德烈耶维奇（Фаворский Владимир Андреевич）。俄罗斯著名版画家，苏联人民艺术家，苏联艺术科学院院士。

法沃尔斯基是 20 世纪苏联造型艺术领域的关键人物之一，也是 20 世纪苏联著名的艺术家、教育家、理论家，以顶级的木刻版画家和书籍艺术家的身份被载入了世界艺术史。其作品早在 20 世纪 30 年代就被鲁迅先生选编的《引玉集》和《苏联版画集》（译作法复尔斯基）介绍到了中国。在其漫长的艺术生涯中，他不止一次涉足多种艺术领域，如版画、雕塑、壁画、铅笔画、舞台设计以及实用装置艺术等，并且均取得了巨大的成就。在小型版画——藏书票领域，他同样慷慨地奉献了自己的聪明才智。他的藏书票内容以描述书籍爱好者崇高的精神趣味为主，具有十足的书卷气，其创作技艺高超，构图巧妙，在解决艺术任务方面不断地创新，同时又清晰地保留了藏书票主人的个性。

法沃尔斯基设计的藏书票从形式到内容都极其多样化，无论他创作何种样式的藏书票，都可以令人感受到其内容以及形式的完整性。他将作品分割成若干部分进行创作，却又使每一部分都保持协调而有节奏的韵律，并相互映衬。与此同时，作品既具有对现实世界中真实景象的高度概括性，又能对形体进行独特地塑造，以完成个性化的描述。

法沃尔斯基设计的藏书票图像非常直观，他自然而然地通过描绘对象的三维特征诠释自己的设计理念。山脉、小教堂、树桩、书籍、海浪等景物，在画面中都能得到独立而立体的展现。同时，有机界的意象，诸如人、动物、植被等，统统被概括到画面中，但这不只是单一的概括，在细节的呈现上又十分详尽。它们的形态很自然地向不同的方向伸展，已不仅仅局限于从某个特定的角度去观察，欣赏者可以从思维方面超越形态，在脑海中建构出画面之外的部分。

他对明暗比例非常敏感，即使在黑白（单色）雕刻作品中，他也能通过调和明暗比例创造出“色彩缤纷”的和弦效果，真正做到了他自己所说的那样：“当一位版画艺术家的艺术表现力受到手段的限制时，他应该尽力去丰富手段，并做到能以黑、白两色表现出所有的色彩。”

法沃尔斯基的藏书票中包含着多样的空间：有的仅仅是一个白色背景，有的仿佛可以自由移动，一直延伸到地平线之后，有的内部仅仅布置了静物，还有的空间被挤压，等等。但由于他在作品中小心呵护画面所呈现的所有元素，因此无论画面的空间有多大，都不会感觉到画面破裂、扭曲或坍塌。不管是对作品整体还是局部，他都如同面对着一颗品质均匀、精雕细琢且惹人喜爱的宝石一样，充满了尊重和爱护。

法沃尔斯基的藏书票以其高超的技巧和出色的完成效果深深地打动着人们，在出色地完成藏书票的基本任务的同时，又具有丰富多样的主题色彩，被艺术界公认为是当时苏联藏书票领域所取得的最高成就。虽然就其一生的创作而言，藏书票只占据了很小的一部分，但他却依旧在该领域为自己赢得了不朽的名声。虽然他的藏书票创作仅仅是这位天才的艺术巨人所开的一个认真的“小玩笑”，但却成就了藏书票这个小型版画领域的“大部头”。

法沃尔斯基采用木刻版画技术共创作了 26 款藏书票。

ИЗ КНИГ
КНИЖНОЙ
ЛАВКИ
ПИСАТЕЛЕЙ

ИЗ КНИГ
АБРАМА
ЭФРОСА

EX LIBRIS
P. ETTINGER

Z KSIĘGOZBIORU
EDWARDA CHWALEWIKA

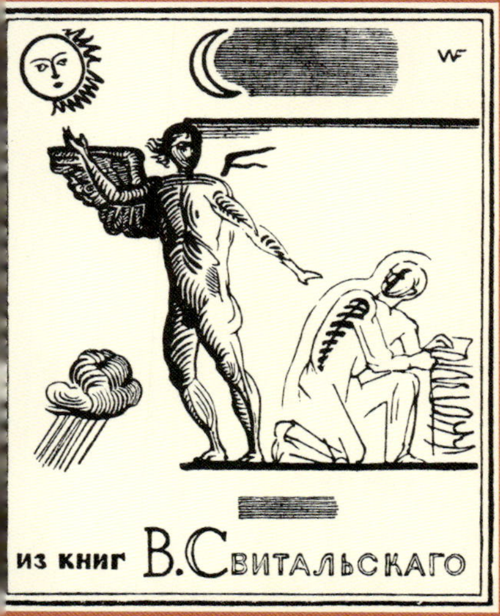

1 2 3 | 4 | 5 6

1 作家小书铺藏书
43mm x 73mm 1921 年 木刻

2 埃夫罗斯藏书
46mm x 50mm 1921 年 木刻

3 埃廷格尔藏书
56mm x 45mm 1921 年 木刻

4 赫瓦列维克藏书
79mm x 59mm 1922 年 木刻

5 波隆斯基藏书
63mm x 53mm 1922 年 木刻

6 斯维塔利斯基藏书
67mm x 54mm 1922 年 木刻

EX LIBRIS
ALEKSEGO
BACHULSKIEGO

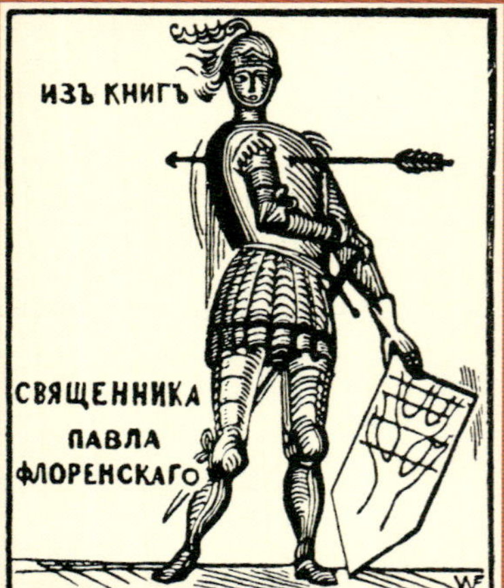
ИЗЪ КНИГЪ
СВЯЩЕННИКА
ПАВЛА
ФЛОРЕНСКАГО

ИЗ КНИГ
ИВАНА ФЕДОРОВА

7 | 9 | 10
8 | | 11

7 巴胡利斯基藏书

96mm x 71mm 1922 年 木刻

8 弗洛连斯基藏书

58mm x 48mm 1922 年 木刻

9 伊万・费奥多罗夫藏书

57mm x 57mm 1925 年 木刻

10 莫斯科国立音乐学院乐谱类藏书

献给拉菲尔・拉比诺维奇（1891—1918）的礼物

58mm x 90mm 1926 年 木刻

11 皮亚京藏书

63mm x 58mm 1925 年 木刻

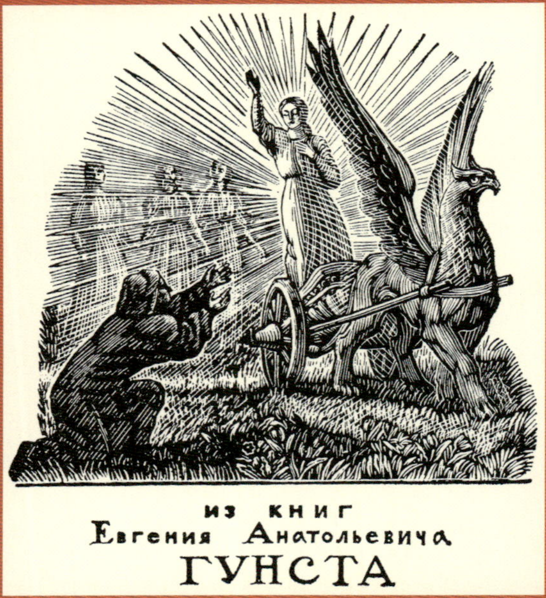
из книг
Евгения Анатольевича
ГУНСТА

EX LIBRIS
ВИЛЬГЕЛЬМА
ЮЛЬЕВИЧА
ВОЛЬФЪ

ИЗ КНИГ КИРЫ ПАПА-АФАНАСОПУЛО

АК

12|13|16
14|15|17

12 贡斯特・叶夫根尼・阿纳托利耶维奇藏书
81mm x 72mm 1955 年 木刻

13 威廉・尤利耶维奇・沃尔夫藏书
56mm x 45mm 1910 年 木刻

14 基拉・帕帕–阿法纳索普洛藏书
39mm x 56mm 1927 年 木刻

15 A. 科热巴特金藏书
43mm x 38mm 1920 年 木刻

16 杰尔维兹和拉祖莫夫斯基藏书
58mm x 65mm 1959 年 木刻

17 塔季扬娜・莫杰斯托娃藏书
40mm x 65mm 1928 年 木刻

Кравченко Алексей Ильич 克拉夫琴科

克拉夫琴科（1889—1940），全名为克拉夫琴科·阿列克谢·伊里奇（Кравченко Алексей Ильич）。俄罗斯著名版画家。

克拉夫琴科是苏联现代木刻版画的奠基者之一，凭借苏联时期创作的书籍插图版画和架上版画作品跻身于世界艺术家的第一行列。早在 20 世纪 30 年代，鲁迅先生选编的《引玉集》和《苏联版画选》就将其作品介绍到了中国（译作克拉甫兼珂），产生了极大的反响。除了在书籍插图版画和架上版画方面取得的辉煌成就外，他在版画艺术的一个分支——藏书票的创作上，也无疑创作出了真正的杰作。他在藏书票创作技巧方面充满了智慧，十分精彩地运用艺术手法，使得其作品呈现出多样化的风貌；在构思上则充满着浪漫的气息，并且蕴含着丰富的内涵，令人沉醉其中。作品一经推出，立即吸引了大量艺术史学家、书籍爱好者和观众，特别是受到了当时著名的艺术家别努阿、奥斯特罗乌莫娃 - 列别杰娃等人的高度赞扬。

克拉夫琴科藏书票的创作高峰始于 1921 年。这一年，克拉夫琴科采用木刻技术创作了一组了不起的藏书票作品，共计 12 款（本书收录 7 款，即图 1—图 7）。作为一名真正的书籍爱好者，克拉夫琴科温柔而深情地讲述了书籍爱好者的故事——其实也正是他自己的故事。他将书籍爱好者进行浪漫化和理想化，并以轻松而略带幽默的笔调刻画他们。在街上书亭的摊位旁，在拥挤的书店中，在街头，在公园，在室内，他们既不关注周围的风景，甚至可以忽略狂泄的暴雨，书仿佛成了他们的整个世界。即使是在画家的工作室，书籍也扮演着重要的角色。这 12 款藏书票是 12 个献给藏书爱好者的小故事，每一款作品都凭借着饶有趣味的情节，打动书籍爱好者的心灵。作品中充满浪漫与诗意，以轻松幽默的方式展现出人们对书籍的热爱，这也是这本小册子从问世以来一直受到欢迎和追捧的原因，无疑是有关藏书票作品最优雅的版本之一，是人们梦寐以求的珍藏版。

在之后的创作中，他把早期版画作品中那些时隐时现的“美丽而优雅的过去时光”更加鲜明地呈现了出来。主角依旧是那些书籍爱好者，只是他们被克拉夫琴科融入了湖边的树木、凉亭下的长凳、18—19 世纪初的女士们和先生们、废墟、雕像、花瓶、丘比特等老公园里的浪漫，这些“过去时光”的象征微微散发着过去几个世纪的气息。

1923 年末至 1925 年，克拉夫琴科开始对藏书票定制者的精神世界和职业进行更加深入的、寓言性的探索，从而使作品具有了特定的象征意义，同时，这类藏书票还具有极强的装饰性，且兼具各自的风格。在这些作品中，克拉夫琴科刻画了各种徽记、象征性符号以及各种配饰。

克拉夫琴科还为公共机构创作了几款藏书票，这些公共机构包括俄罗斯国家书局档案馆和国家艺术科学院等。在这部分作品中，克拉夫琴科仍然表现出作为艺术家的自信，风格沉稳大气，内容简明直接，与书籍内容贴近，与机构形象相符，利于人们理解和共鸣。

优美的构图、画面所有部分都具有那种惊人的平衡感以及高超的创作技巧——这便是克拉夫琴科藏书票的独到之处。他的每一款藏书票都是一个小故事，以无可挑剔的品味、使人轻松的幽默感，以及那种给人以好感的直率把人们从一个喧嚣纷扰的现实生活带到了一个超然的境界。

作品所具有的“浪漫主义”情怀并非是向那些仅有一时热情的书籍收藏者致敬，而是向那些普通的书籍爱好者——在雨雪天迫不及待地将成堆的书拖进自己的藏书室、在冷僻的旧书摊翻阅着、和朋友们在一起讨论着意外收获、渴望拥有一本期待已久的书的人致敬。正是这些真正热爱书籍的人见证着这项博大精深、涉猎广泛同时又看似默默无闻的事业——书籍收藏。

克拉夫琴科一生共完成了 56 款藏书票的创作，绝大多数采用了木刻版画的形式。他的第一枚藏书票是唯一一款以钢笔画形式完成的作品，此外，有四款创作于 1919 年的藏书票是采用麻胶版画的形式完成的，还有六种创作于 1922 至 1923 年的作品是采用金属版刻制而成的。

ИЗ КНИГ М. ПАНОВА

AK
OЪ Z. MOCARSKIEGO

ИЗ КНИГ
Н Г.
РОЗЕНБЛ

ИЗ · КНИГ
В. Д. ПЕРКИНА

ИЗ КНИГ В. Д. ФАЛИЛЕЕВА

1 | 2 | 3 | 6 | 7
4 | 5

1 帕诺夫藏书

46mm x 39mm 1921 年 木刻

2 莫卡尔斯基藏书

49mm x 39mm 1921 年 木刻

3 罗森布吕姆藏书

43mm x 40mm 1921 年 木刻

4 佩尔金藏书

42mm x 37mm 1921 年 木刻

5 法利列耶夫藏书

60mm x 49mm 1921 年 木刻

6 米哈伊尔洛夫斯基藏书

57mm x 48mm 1921 年 木刻

7 马尔库舍维奇藏书

61mm x 41mm 1921 年 木刻

EX LIBRIS
WIKTORA
PRZECŁAWSKIEGO.

ИЗ КНИГ
Д.Д.ПЛЕТНЕВА
АК

ИЗ КНИГ
КСЕНИИ КРАВЧЕНКО
АК

8 | 9 | 11
10

8 维克托·普热斯拉夫斯基藏书
87mmx 59mm 1922 年 金属版
9 普列特涅夫藏书
67mm x 55mm 1923 年 木刻
10 克谢尼娅·克拉夫琴科藏书
60mm x 48mm 1924 年 木刻
11 佩卡尔斯基藏书
92mm x 73mm 1922 年 木刻

Z KSIĄŻEK
Marji z
Horodyskich
Piekarskiej
A. Krawczenko

A K
ИЗ КНИГ
АЛЕКСЕЯ
КРАВЧЕНКО

Из книг
Ксении Кравченко

12|13|16|17
14|15

12 戈罗杰茨卡娅–佩卡尔斯卡娅藏书

77mm x 68mm 1922 年 木刻

13 1 号设计方案

70mm x 49mm 1922 年 木刻

14 克拉夫琴科藏书

65mm x 44mm 1924 年 木刻

15 克谢尼娅·克拉夫琴科藏书

72mm x 60mm 1923 年 金属版

16 武尔藏书

79mm x 50mm 1924 年 木刻

17 杰格佳尔藏书

77mm x 51mm 1929 年 木刻

EX LIBRIS
ARS
ГОСУДАРСТВЕННОЙ
АКАДЕМИИ
ХУДОЖЕСТВЕННЫХ
НАУК

АРХИВ
РОССИЙСКОЙ
ГОСУДАРСТВЕННОЙ
КНИЖНОЙ
ПАЛАТЫ

ИЗ КНИГ
А.Н.АНИСИМОВА

М. ПАНОВА

18|19|22|23
20|21

18 国家艺术科学院藏书
51mm x 59mm 1925 年 木刻
19 俄罗斯国家书局档案馆藏书
61mm x 47mm 1923 年 木刻
20 阿尼西莫夫藏书
72mm x 54mm 1924 年 木刻
21 帕诺夫藏书
76mm x 52mm 1929 年 木刻
22 克拉夫琴科藏书
57mm x 40mm 1919 年 麻胶版
23 克拉夫琴科藏书
56mm x 32mm 1924 年 木刻

Дмитревский Николай Павлович 德米特列夫斯基

德米特列夫斯基（1890—1938），全名为德米特列夫斯基·尼古拉·帕夫洛维奇（Дмитревский Николай Павлович）。俄罗斯著名版画家、书籍插图艺术家、书籍装帧设计师。

德米特列夫斯基于1890年11月18日出生在中国汉口的一个俄国驻华领事家庭，在俄罗斯沃洛格达市度过了他的童年和青年时期。他一生制作了60多款藏书票作品，其中大部分是在沃洛格达时期创作的。作品美观大气且意味深长，早在20世纪20年代初期就已为鉴赏家所认可。即使在今天，其作品的形式及内容，对于小型版画的创作实践也仍具极大的参考和指导意义。

他在沃洛格达人民之家接受了初级绘画教育，随后在圣彼得堡的私人画室继续学习艺术课程，并于1911年考入莫斯科绘画雕塑建筑学校（今苏里科夫美术美院）。1918年完成学业之后回到沃洛格达，开始致力于新的文化建设，负责该地区的博物馆业务和古迹保护工作，并在自由艺术工作室任教。除此之外还从事书籍和报刊出版等工作，创作了大量的架上版画和书籍版画。作品大多取材于当地印刷史、服装史、文化遗产和革命史等。

1928 年，德米特列夫斯基移居莫斯科，此时他已经闻名全国，与莫斯科的多家出版社展开了合作。他的藏书票与其说是所有者的标记，不如说是对藏书家的友好奉献。他敏锐地抓住了藏书票作为个人文化表征的艺术性和新时代赋予的新功能，在与书籍装帧紧密联系的前提下，以崇高的浪漫主义向我们敞开人物的命运。以崭新的形式重新揭示了读书人的兴趣和面孔，其中还出现了新颖的蒙太奇场景，即使在象征性或装饰性类别的藏书票中，也同样隐现藏书票拥有者的特定“肖像”，紧凑的结构修饰满足了不同开本书籍的需要。此外，广阔的艺术视野使他的作品主题即使在小型版画作品中也显得十分大胆和新颖，特别是在藏书票和邮票设计中。在藏书票创作中，他的作品构图严谨简洁，多采用锌版、石版画和木刻版画技术，作品时而采用形式鲜明的对比，时而采用中世纪礼仪的舒缓姿态去拉长人物的比例来重现旧时光，可谓形式多样。

ИЗ КНИГ
В.М. КОЛЫГИНА
Н
D

EX LIBRIS
Б.И. КЛУШИНА
Н D

EX
LIBRIS
А.А.
СУББО
ТИНА

ИЗ КНИГ
МХИ

1 | 2 | 5 | 6
3 | 4

1 科雷金藏书
80mm x 52mm 1923 年 木口木刻
2 克卢申藏书
76mm x 45mm 1923 年 木口木刻
3 苏博京藏书
55mm x 44mm 1925 年 木口木刻
4 乳制品经济研究所藏书
57mm x 45mm 1926 年 木口木刻
5 北方渔业合作社藏书
80mm x 52mm 1923 年 木刻
6 吉涅钦斯卡娅藏书
68mm x 44mm 1919 年 木口木刻

ИЗ КНИГ
НИТ
MATERIALISMUS

ИЗ КНИГ
М. Я. ЛЕРМАНА

ИЗ КНИГ
А. А. СИДОРОВА

EX LIBRIS
П Е
ДМИТРЕВСКОЙ

7	8	11	12
9	10	13	

7 季米里亚泽夫农业科学院藏书

64mm x 51mm 1925 年 木口木刻

8 列尔曼藏书

67mm x 44mm 1925 年 木口木刻

9 西多罗夫藏书

56mm x 46mm 1925 年 木口木刻

10 德米特列夫斯卡娅藏书

47mm x 34mm 1925 年 木口木刻

11 德米特列夫斯基藏书

65mm x 46mm 1924 年 木口木刻

12 德米特列夫斯基藏书

64mm x 38mm 1925 年 木口木刻

13 莫克罗夫斯基藏书

58mm x 38mm 1924 年 木口木刻

Рерберг Иван Федорович 雷贝格

雷贝格（1892—1957），全名为贝格·伊万·费奥多罗维奇（Рерберг Иван Федорович）书籍装帧设计师。

雷贝格于 1892 年 5 月 24 日出生在莫斯科的一个艺术世家。当他还是一名高中生时，就开始在父亲的工作室学习，并在 18 岁时首次参加展览。1917 年他毕业于莫斯科绘画雕塑建筑学校（今苏里科夫美术学院）建筑系，1918 年开始担任杂志封面作者。不久后，雷贝格开始与多家著名出版社合作，从事书籍装帧设计工作，为数百本翻译小说和诗歌、科学文献、回忆录集、杂志和笔记、参考书等设计了精美的封面。这些封面均以微妙的色彩、优雅的构图、丰富的装饰以及字形罕见的精致和表现力而著称，多年来一直是书籍艺术的典范。

雷贝格不仅是一位才华横溢的书籍装帧设计师和字形设计师，还从事其他类别艺术品的创作。自 1922 年起，他采用多种技术如锌版、自印石版画、蚀刻铜版画、木刻版画、晒制蓝图和手绘素描形式制作了约 50 款藏书票作品。无论他采用何种技术，他的作品图案都优雅而迷人。

他的许多藏书票都基于剪影形式，并以对场景的新奇性、独创性设想，对古典装饰图案的原创性诠释和对藏书票本身品质的透彻再现而著称。很多作品以极度简洁的几何风格呈现出来。例如他在 1925 年为自己设计的作品（图 6），其框架为椭圆形，其中艺术家的肖像不仅由美丽的花卉环绕装饰，而且画面还由经过有目的地选择并包含在标志构图中的字体构成。

雷贝格的作品中，黑色平面上的装饰图案具有典型性，这与通常在白色平面上运用黑色来构建图案的技术形成了鲜明的对比。除了成功地运用黑色，他也关注其他颜色，例如，他为自己的藏书设计了多个版本的藏书票，通过使用不同颜色和不同质地的纸张将作品印制出来，极大地丰富了作品的艺术效果。他还在采用自印石版画技术创作的作品中，成功地将两种颜色结合在了一起。

他的作品的另外一大特点体现在包含花体字的藏书票中，其中的字形具有活力与张力，似乎延伸到了作品四周边框之外的纸张中。这些字形的设计看似简单，却能从丰富的装饰背景中脱颖而出，与书籍的矩形格式异常和谐地结合在一起，让人耳目一新。

EX LIBRIS
MARY STAKLE

ИЗЪ КНИГЪ
А.М.МАКАРОВА

ИЗ КНИГ
ДВУХ
ДРУЗЕЙ

1 | 3 | 4
2 | | 5

1 玛丽·斯塔克列藏书
72mm x 100mm 1923 年 双套色石版
2 马卡罗夫藏书
67.5mm x 62.0mm 1922 年 木刻
3 A.Ou 与 M.K. 双友藏书
55mm x 67mm 1925 年 木口木刻
4 澳大利亚藏书票艺术家团体藏书
64mm x 95mm 1925 年 双套色木刻
5 哈拉尔德·埃格蒙特·茨朔尔藏书
91mm x 62mm 1922 年 双套色石版

EXLIBRIS
J. RERBERG

EXLIBRIS

КНИГА
JR

EX
EK
LIBRIS
J R

6 | 7 | 10
8 | 9 | 11

6 雷贝格藏书

77mm x 64mm 1925 年 木口木刻

7 雷贝格藏书

43mm x 45mm 1926 年 木口木刻

8 托洛孔尼科夫藏书

65mm x 75mm 1926 年 木刻

9 科索拉波娃藏书

46mm x 44mm 1926 年 双套色木口木刻

10 威廉·约翰森藏书

55mm x 81mm 1929 年 木口木刻

11 沙霍夫藏书

70mm x 71mm 1926 年 木口木刻

EX
LIBRIS
JR

EX LIBRIS
VL
JR

12|14
13|15

12 米罗柳博娃藏书

88mm x 88mm 1926 年 木口木刻

13 李普曼藏书

50.0mm x 83.5mm 1922 年 双套色石版

14 尼娜・沃高藏书

73.6mm x 60.0mm 1932 年 木刻

15 沙霍夫藏书

56mm x 75mm 1926 年 木刻

Пискарев Николай Иванович 皮斯卡廖夫

皮斯卡廖夫（1892—1959），全名为皮斯卡廖夫·尼古拉·伊万诺维奇（Пискарев Николай Иванович）。俄罗斯著名版画家、书籍装帧设计师。

皮斯卡廖夫是20世纪上半叶俄罗斯最著名的书籍艺术家之一，被誉为“书籍忠实的骑士”。他的很多版画作品在20世纪30年代就被鲁迅收录进了其选编的《引玉集》（译作毕斯凯来夫）和《苏联版画集》（译作毕斯卡莱夫）中，他因此成为最早被中国艺术家所熟知的俄罗斯艺术家之一。除了书籍艺术，他在藏书票领域也取得了显著的成就，其中的很多作品也作为典范一直为世人所称道。

几个世纪以来，在徽章类和象征主义的基础上构建藏书票一直是欧洲的一种传统。但在20世纪20年代的俄罗斯，人们开始倾向创作具有其他特点的新型藏书票。

逐渐地，更为简单和清晰自由的构图方案打破了这种传统，而皮斯卡廖夫正是俄罗斯创作这种新型藏书票的第一批人。

20 世纪 20 年代，皮斯卡廖夫创作的藏书票都拥有独特的解决方案，构图也拥有更大的自由度，其中的一些作品，他有意不加边框。但到了 20 世纪 30 年代，皮斯卡廖夫转变了创作手法，不再使用他在之前的藏书票作品中曾经运用的轻盈刻线，开始更多地使用明暗色块。与创作于 1924 年的同类型作品相比，刀法更加微妙，也更加精致。

皮斯卡廖夫一生虽然只创作了 18 款藏书票作品（均采用木刻版画技术），但他的创作风格和艺术才华都在其中得到了充分的展现。经过不断的探索，在搭建构图，表达和传递时代感，展示对字形的理解，传递版画艺术令人惊艳的细腻与优雅上日趋完美，并将这些与整体的艺术概念进行有机融合，建立了与周遭生活密不可分的联系，表达了人类温暖的情感。

БИБЛИОТЕКА
ГОСУДАРСТВЕННОГО
ИЗДАТЕЛЬСТВА
Р.С.Ф.С.Р
КНИГА
НАРОДУ

EX-LIBRIS
Г·Н·ДУРЫЛИНА

КНИГА
В.В.ГОЛЬЦЕВА

EX-LIBRIS
К·БОГАЕВСКОГО

ИЗ КНИГ М и Г· ХОЛОДОВСКИХ

ИЗ КНИГ
Е·В·РОГОЗИНСКОЙ

1	2
3	4
5	6

1 国家出版社图书馆藏书

57mm x 43mm 1923 年 木刻

2 杜雷林藏书

51mm x 42mm 1923 年 木刻

3 戈利采夫藏书

58mm x 44mm 1924 年 木刻

4 博加耶夫斯基藏书

56mm x 44mm 1925 年 木刻

5 霍洛多夫斯基藏书

22mm x 72mm 1928 年 木刻

6 罗戈津斯基藏书

26mm x 40mm 1937 年 木刻

EX LIBRIS
С·К·ГИПП

НП
ИЗ БИБЛИОТЕКИ
И.В. ЛАЗАРЕВСКОГО.

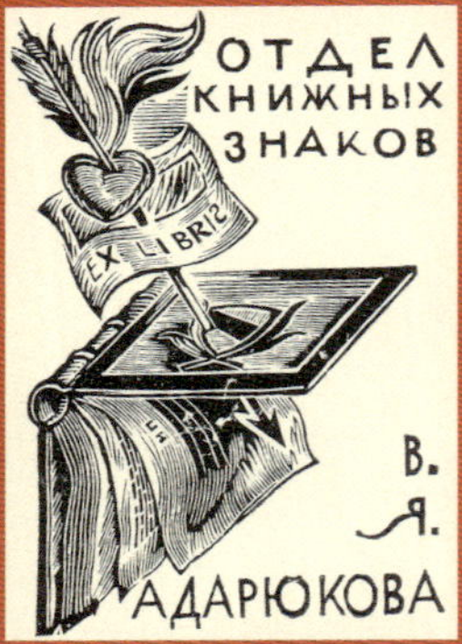
ОТДЕЛ
КНИЖНЫХ
ЗНАКОВ
EX LIBRIS
В.
Я.
АДАРЮКОВА

ПУШКИНСКАЯ
ПОЛКА
Ю·Оболенской
и
К·Кандаурова

ИЗ КНИГ С· ЛОБАНОВА

7	8	12
9	10	13
11		

7 吉普藏书

44mm x 38mm 1956 年 木刻

8 拉扎列夫斯基藏书

52mm x 44mm 1924 年 木刻

9 阿达留科夫藏书

47mm x 33mm 1927 年 木刻

10 奥博连斯卡娅和坎道罗夫的普希金书架

47mm x 47mm 1926 年 木刻

11 洛巴诺夫藏书

37mm x 60mm 1933 年 木刻

12 多莫加茨基藏书

40mm x 60mm 1937 年 木刻

13 拉扎列夫斯基

52mm x 42mm 1924 年 木刻

Купреянов Николай Николаевич 库普列亚诺夫

库普列亚诺夫（1894—1933），全名为库普列亚诺夫·尼古拉·尼古拉耶维奇（Купреянов Николай Николаевич）。俄罗斯版画艺术家、书籍装帧设计师、美术教育家。

库普列亚诺夫于 1894 年出生在波兰的弗沃茨瓦韦克。1912 年毕业于捷尼舍夫专科学校，1916 年毕业于圣彼得堡大学法律专业。1912—1916 年在美术学院研修油画，师从著名艺术家卡尔多夫斯基和彼得罗夫·沃德金，1915 年跟随著名版画家奥斯特罗乌莫娃 - 列别杰娃学习木刻版画技艺。1917 年开始参加各类艺术展。1921—1929 年，任教于莫斯科高等艺术暨技术学院，1930—1933 年，担任莫斯科印刷学院素描教师。

库普列亚诺夫一生共创作了 46 款藏书票，这其中包括没来得及刻版的设计稿和方案。作品的显著特征是场景的独创性和技巧性，尽管里面的一些作品构图并不平衡，但他投入了大量的感情和探索，设计出的带有鲜明对比的黑白色块以及巧妙的轮廓具有很高的辨识度和艺术价值，映射出他以时代为依托的不朽成就。

1 阿尼西莫夫藏书
100mm x 66mm 1925 年 木刻

ИЗЪ
КНИГЪ
ИВ.
РЯЗА
НОВ
СКА
ГО.
НК

ИЗЪ КНИГЪ
Н·КУПРЕАНОВ

ИЗ КНИГ
Н·А·УШАКОВОЙ·
НК
1920

ИЗ КНИГ
Е.К.

2 | 3 | 6
4 | 5 | 7

2 梁赞诺夫斯基藏书
88mm x 65mm 1916 年 木刻
3 库普列亚诺夫藏书
55mm x 37 mm 1919 年 木刻
4 乌沙科娃藏书
42.5mm x 54.0mm 1920 年 木刻
5 库普列亚诺娃藏书
68mm x 51mm 1927 年 木刻
6 米罗维奇藏书
76mm x 70mm 20 世纪 20 年代 木刻
7 爱德华 · 赫瓦列维克藏书
66mm x 50mm 1923 年 木刻

ИЗ
КНИГ
А.С.КАГАНА
НК:

ИЗ
КНИГ
ВЛАД.
ЛИДИЙ-
НА

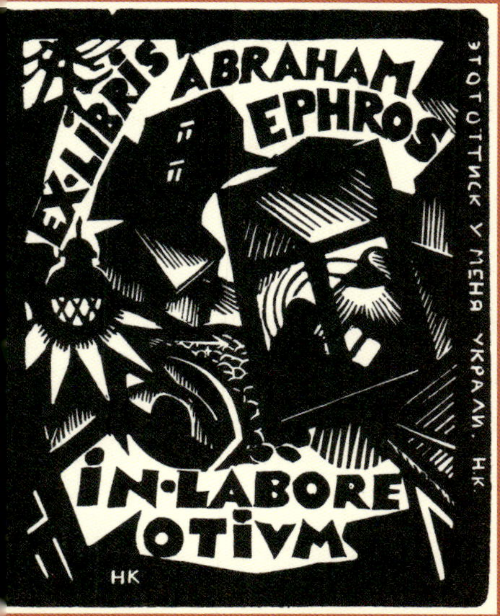

8 | 9 |10

8 卡甘藏书

92mm x 60mm 1921 年 木刻

9 利金藏书

61mm x 45mm 1921 年 木刻

10 埃夫罗斯藏书

75mm x 61mm 1926 年 木刻

Хижинский Леонид Семенович 希任斯基

希任斯基(1896—1972),全名为希任斯基·列昂尼德·谢苗诺维奇(Хижинский Леонид Семенович),鲁迅先生选编的《引玉集》中译作希仁斯基。俄罗斯著名版画家、书籍插图艺术家、书籍装帧设计师。

希任斯基于1896年1月3日出生于日托米尔市。1918年毕业于基辅美术专科学校建筑系。1920年考入基辅艺术科学院,在著名艺术家博伊丘克的工作室学习。1922—1927年就读于列宁格勒高等美术技术学院版画系,师从俄罗斯著名艺术家科纳舍维奇和米特罗欣。一生从事书籍插图、书籍装帧及架上版画创作。

他的藏书票创作从第一步开始,就产生了一种强烈的原创性意味,不同于其他艺术家的是，他的诗意世界和他的创造力一触即发。他的藏书票的雕刻线条明快清晰，排列精美，雕刻精巧，语义丰富，情节让人回味无穷。作为版画大师，他的木刻藏书票书完美地传达了那个时代的风格，充分展示了藏书票主人的世界。他的藏书票作品明显带有圣彼得堡流派的典型图式，类似于艺术团体“艺术世界”的装饰传统，然而，作品所呈现出的强烈的形式感、灵动流畅且富于变化的线条、严谨的几何图形布局等却彰显着艺术家十足的个性。

“优雅而微妙的艺术。”这是著名艺术家法沃尔斯基对希任斯基的版画以及藏书票的评价。藏书票中的任何细节，从字形到人物塑造，都是艺术家特殊心态的反映。他的此类作品虽然为数不多，但却包含其不同时期版画创作的特点。

从创作于 1924 年的第一款藏书票算起，希任斯基采用木刻版画、锌版技术共奉献了 27 款藏书票作品。

EX LIBRIS
ЛХ 1923
Ф. ЕРНСТ
КИЇВ

EX LIBRIS
Т. ХИЖИНСКОЙ

Ex Libris
William Edwin
PEDIANI

1 | 2 | 4
3

1 恩斯特藏书

75.5mm x 52.0mm 1923 年 木刻

2 希任斯卡娅藏书

88.0mm x53.5mm 1928 年 木刻

3 威廉·埃德温藏书

62mm x 46mm 1932 年 木刻

4 卢科姆斯基藏书

111mm x 78mm 1924 年 木刻

ИЗ НОТ

ГОСЛИ
ИЗ КНИ
С. ГОРСКОГ

ИЗ КНИГ

5 | 6 | 8 | 9
7

5 帕祖欣娜藏书

80mm x 68mm 1933 年 木刻

6 戈尔斯基藏书

59mm x 51mm 1964 年 木刻

7 捷林加捷尔藏书

58mm x 50mm 1967 年 木口木刻

8 什马里诺夫藏书

65mm x 45mm 1967 年 木刻

9 帕祖欣藏书

68mm x 51mm 1928 年 木刻

Ечеистов Георгий Александрович　叶切伊斯托夫

叶切伊斯托夫（1897—1946），全名为叶切伊斯托夫·格奥尔吉·亚历山大罗维奇（Ечеистов Георгий Александрович），鲁迅先生选编的《苏联版画集》中译作叶柴司托夫。俄罗斯著名版画家、水彩画家、油画家、书籍插图艺术家。

叶切伊斯托夫于 1897 年在莫斯科出生。早期就读于斯特罗加诺夫斯克专科学校木刻版画专业，1918 年转到刚成立的第一国立自由艺术工作室学习，师从法沃尔斯基，因与生俱来的艺术天赋和勤奋不懈的学习成为法沃尔斯基最具才华的学生之一。他主要从事藏书票以及书籍装帧设计和出版类标识、邀请函、剧场说明书、游览指南的创作。从 1919 年到 1940 年共创作了 18 款木刻藏书票作品。另外，他在版画、水彩画、诗歌创作等方面也有所建树，堪称艺术全才。

叶切伊斯托夫的艺术知识体系形成于 20 世纪 20 年代，正是俄罗斯前卫艺术的鼎盛时期。他在这个时期的创作，深受导师法沃尔斯基的影响，无论是视觉艺术还是诗歌都以大量“主义”为标志，如未来主义、立体主义、至上主义等。他在藏书票的情节阐述和元素构建方面进行了大量实验，巧妙地使用各种刻痕去构建图形，能够将速写、设计稿的新鲜感通过高超的雕刻技艺清晰地展现出来。

1 扎伊采娃藏书
92mm x 78mm 1920 年 木刻

ИЗ КНИГ
О.Н.ЗАЙЦЕВОЙ

ИЗ КНИГ
Н.В.БЕНАР

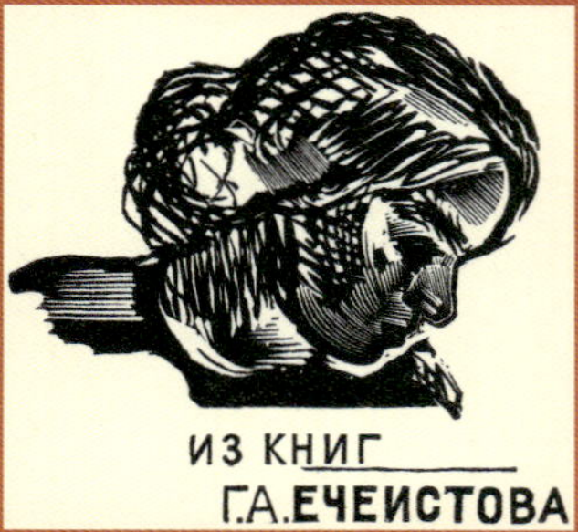
ИЗ КНИГ
Г.А.ЕЧЕИСТОВА

2 | 3 | 6 | 7
4 | 5

2 扎伊采娃藏书
67mm x 42mm 1920 年 木刻
3 扎伊采娃藏书
58mm x 48mm 1920 年 木刻
4 叶切伊斯托夫藏书
38mm x 40mm 1925 年 木刻
5 别纳尔藏书
57mm x 45mm 1920 年 木刻
6 法沃尔斯基藏书
54mm x 41mm 1923 年 木刻
7 亚历山大 · 叶切伊斯托夫藏书
53mm x 33mm 1940 年 木刻

Кузанян Павел Михайлович 库扎尼扬

库扎尼扬（1901—1993），全名为库扎尼扬·帕维尔·米哈伊洛维奇（Кузанян Павел Михайлович）。俄罗斯著名字形设计师、书籍装帧设计师、俄罗斯功勋艺术家。

库扎尼扬于 1901 年 9 月 12 日出生在梯弗里斯（第比利斯的旧称）一个流亡于格鲁吉亚的亚美尼亚高级知识分子家庭。1923 年进入格鲁吉亚艺术院学习，师从俄罗斯著名艺术团体“艺术世界”主要成员兰谢列。1926 年又以优异的成绩考入莫斯科国立高等工艺美术学校（今莫斯科国立工业艺术大学），师从著名版画艺术家法沃尔斯基、帕夫利诺夫。

作为苏联著名字形设计大师，库扎尼扬于 20 世纪 40 至 60 年代创造的多种字形套系至今仍被广泛地使用着，特别是在我们这个媒体高速发展的时代，他创造的“杰科尔”字形套系仍是最流行的字形之一。

同样，他以字形为要素设计的花体字藏书票也是独树一帜，成为不可多得的艺术珍品。20 世纪 30 年代，他采用木刻版画形式创作了一系列场景类藏书票，而 20 世纪 60 年代，凭借在字形设计领域取得的辉煌成就，他把对字形设计的热爱带到了藏书票创作领域，开始采用以手绘钢笔画转锌版为形式、以花体字为主要类型的藏书票创作。库扎尼扬的花体字形类藏书票被公认为俄罗斯藏书票历史中利用此项技术设计的作品中最优秀的作品。这些作品都是库扎尼扬作为礼物来制作的，他将它们赠送给了莫斯科藏书票俱乐部的许多成员。遗憾的是，库扎尼扬本人生前并没有对创作的藏书票做过详细完整的统计，因而现在也无法确定创作的具体数量（据目前已知的数量大约为 73 款）。这些作品正随着岁月的流逝，渐渐成为罕见的艺术珍品。

Ex libris
Romain Rolland

ИЗ КНИГ О·А·ШАРГИ

ИЗ КНИГ
СП
ФОР/
ТИН/
СКО/
ГО

Ex Libris
В·Д·КОРОЛЮК

1	2	5	6
3	4	7	8
			9

1 罗曼・罗兰藏书
60mm x 70mm 1935 年 双套色木刻

2 沙尔金藏书
48mm x 31mm 1978 年 锌版

3 福尔京斯基藏书
48mm x 45mm 1968 年 双套色锌版

4 科罗柳克藏书
63mm x 53mm 1972 年 双套色锌版

5 别尔季切夫斯基藏书
45mm x 49mm 年代不详 双套色木刻

6 卡拉万斯基藏书
38mm x 68mm 1969 年 双套色锌版

7 日托米尔斯基藏书
72mm x 50mm 年代不详 双套色锌版

8 捷林加捷尔藏书
37mm x 67mm 1969 年 双套色锌版

9 科罗柳克藏书
32mm x 71mm 1970 年 双套色锌版

Ex libris
Перкин

Т·Кузнецова
Ex Libris

GR
GERMAN RATNER
Ex libris

EX LIBRIS
Кузанян

10	11	14	15
12	13	16	17
		18	

10 佩尔金藏书
85mm x 61mm 1975 年 双套色锌版
11 库兹涅佐娃藏书
76mm x 34mm 年代不详 双套色锌版
12 格尔曼・拉特耐藏书
46mm x 54mm 1976 年 双套色锌版
13 库扎尼扬藏书
48mm x 54mm 1968 年 双套色锌版

14 罗文斯基藏书
37mm x 77mm 1968 年 双套色锌版
15 纳塔波夫藏书
55mm x 41mm 1961 年 锌版
16 曼茹洛藏书
45mm x 70mm 1978 年 双套色锌版
17 帕诺夫藏书
55mm x 42mm 1968 年 双套色锌版
18 科甘藏书
42mm x 50mm 1969 年 双套色锌版

Маторин Михаил Владимирович 马托林

马托林（1901—1976），全名为马托林·米哈伊尔·弗拉基米罗维奇（Маторин Михаил Владимирович），鲁迅先生选编的《苏联版画集》中译作莫托林。俄罗斯著名版画家、水彩画家、书籍装帧设计师，俄罗斯功勋艺术活动家。

马托林于 1901 年在莫斯科出生，1915—1920 年就读于国立高等艺术与技术创作工作室，先后师从于俄罗斯著名艺术家格拉西莫夫和伊万·巴甫洛夫，很快，他成为巴甫洛夫最好的学生和最亲密的助手。毕业后，他留校任教，直至 1924 年。

1920 年，在国家出版社的比赛中，他的海报“世界十月万岁”获得一等奖。1935—1976 年，马托林执教于苏里科夫美术学院。

从 20 世纪 20 年代起，他采用木刻版画、麻胶版画技术从事书籍插图创作和书籍装帧设计工作，其中，架上版画大量描绘了俄罗斯和其他欧洲国家的历史建筑。

同样是从 20 世纪 20 年代起，马托林作为新一代艺术家进入藏书票创作领域，其作品与时代息息相关。可以说，这一代艺术家带来的新题材、新技术和新思想标志着俄罗斯藏书票创作迎来了新阶段。

马托林的第一款藏书票创作于 1921 年，是为自己的藏书设计的（图 1）。该作品虽然不满足藏书票创作的整体规则要求，且看起来更像独立架上版画，但这一作品成功地解决了色彩问题。此后，套色藏书票成了他创作的一大特色。

马托林在 20 世纪二三十年代创作的藏书票非常准确地反映了主人的职业特征、精神境界、娱乐爱好和修养学识。他的作品以装饰书籍为目的，画面优雅简洁，构图严谨完整。这类作品的意义不仅在于藏书票收藏者之间进行的交易和收藏，还有很强的实用价值。藏书票有着二维平面结构，总是与书籍页面的构建协调一致。马托林的作品主题多样，但风格近似，同时遵循统一的构图原则，其特点是周密完善的建筑学架构、各元素之间的平衡布局和简洁清晰的设计。马托林的双套色或三套色藏书票作品在当时极其罕见，体现了他惊人的色彩运用能力。他将色彩作为独立元素引入构图，克制地运用色彩，赋予其装饰性和象征性的功能。作品中包含的字体被作为装饰元素，一贯富有表现力且一目了然。

马托林在 20 世纪 40 年代后的作品延续了之前树立的美学原则，仍力求精简藏书票的图形语言，但在题材与内容方面，转而诉诸风景。其中，建筑景观占主导地位。通过其对图案的清晰度和建筑形式的线性节奏的捕捉，创作风格的延续一览无余。字形在构图中的作用也得到了保留，并具有多样性的解决方案，使得画面变得更加丰富。

虽然马托林一生仅创作了 42 款藏书票，但就其艺术水准、主题的丰富性、技术方案的新颖性以及与书籍的有机联系而言，他的藏书票作品对俄罗斯藏书票艺术的发展产生了强烈的影响。

МИХАИЛА МАТОРИНА.

ИЗ КНИГ
Е.ВУЧЕТИЧА
ММ

Из КНИГ
В.В.ЗАВЬЯЛОВА.

ММ
ИЗ КНИГ
Ю·САВИЦКОГО

1 | 2 | 5
3 | 4 |

1 米哈伊尔·马托林藏书

74mm x 56mm 1921 年 套色木刻

2 武切季奇藏书

60mm x 42mm 1965 年 木刻

3 扎维亚洛夫藏书

50mm x 40mm 1925 年 套色木刻

4 萨维茨基藏书

65mm x 46mm 1965 年 双套色木刻

5 斯托什库斯藏书

60mm x 36mm 1972 年 套色木刻

EX LIBRIS
Н·М·
ВЛАДИМИРСКОГО

JR
ИЗ КНИГ И. РЕРБЕРГ

ИЗ КНИГ
Г·А·САННИКОВА

собрание
Р. А.
ЛУГОВСКОГО

6 | 7 | 10 | 11
8 | 9 | 12

6 弗拉基米尔斯基藏书

55mm x 40mm 1972 年 双套色木刻

7 雷贝格藏书

52mm x 33mm 1928 年 双套色木刻

8 桑尼科夫藏书

51mm x 35mm 1934 年 双套色木刻

9 卢戈夫斯基藏书

55mm x 64mm 1966 年 双套色木刻

10 瑟索耶娃藏书

33mm x 42mm 1924 年 双套色木刻

11 斯洛涅夫斯基藏书

60mm x 47mm 1965 年 木刻

12 乌舍宁藏书

57mm x 42mm 1965 年 木刻

Голяховский Евгений Николаевич 戈利亚霍夫斯基

戈利亚霍夫斯基（1902—1971），全名为戈利亚霍夫斯基·叶甫根尼·尼古拉耶维奇（Голяховский Евгений Николаевич）。俄罗斯著名版画家、书籍插图艺术家、藏书票艺术家。

1902 年，戈利亚霍夫斯基出生于第比利斯。1929 年毕业于库班工艺美术学校后，戈利亚霍夫斯基进入州立库班地区红旗报社工作，由此开始了独立的版画创作之路，为文学作品或各类产品说明书创作插图。同时，他也从事此类作品的印刷及排版工作，逐渐积累了大量的经验，娴熟地掌握了该领域的各项技术。1937 年，他被直接保送到莫斯科国立美术学院（今苏里科夫美术学院）版画专业进修，同时，在著名艺术大师克拉夫琴科的工作室学习。

戈利亚霍夫斯基不仅在书籍版画领域获得了杰出的成就，在藏书票创作领域的成就也不容小觑。当进入藏书票创作领域时，他已经在书籍装帧及插图领域取得了一系列成就，成了知名的木刻版画大师。他敏锐地意识到藏书票的艺术表达形式比其他形式的版画更能清楚地反映一个国家的性格特征，为了重现 20 世纪 20 至 30 年代俄罗斯藏书票事业的辉煌，他与一大批莫斯科的优秀版画家组建成一个团体，为复兴俄罗斯藏书票艺术事业而奋斗。他本人也凭借强大的构图能力，对雕刻工具的自由驾驭，对材料的了然于心，以及他独特的版画语言——素描线条与经典木刻的结合，迅速跻身于俄罗斯复兴藏书票艺术的首席艺术家行列。

他一生采用木刻版画技术总共创作了 275 款藏书票。就作品风格来讲，戈利亚霍夫斯基的早期作品中往往会出现一些细节性的刻画，但这些细节并不显得冗杂琐碎，而是真实又服从于整体。进入 20 世纪 60 年代后，他的版画语言愈加简练而具有高度的概括性，可谓“惜墨如金”，但这并不会使藏书票的内涵变得浅薄。刚好相反，他在保留作品整体风格的同时，也使画面变得更加紧凑和富有表现力。

就题材来讲，他常常借助过去创作的书籍插图演绎出新的藏书票作品，但在创作的过程中，他却从未局限于书本内容或是从属于作者的文本，而是对文本进行了重新诠释,在画面中加入了自己的创造性解读。他还有一些藏书票的内容取材于《圣经》故事、神话传说以及民间故事，虽然其中也运用了具有书籍版画特点的主题和场景，但更多的与他创作过的剧本插图一样涌动着蓬勃高涨的热情。他还创作过一组特殊的纪念类藏书票，其显著的特征是在每一款作品上都标注了“纪念”的字样，这是他向那些在苏联的文化发展中留下深刻印记的已故先贤们表达自己的爱与尊重。除了以上作品，他还根据定制者的要求创作了大量反映城市风貌、名胜古迹、人物肖像以及各种花卉题材的作品。

纵观戈利亚霍夫斯基的全部藏书票作品，人们不得不为他十足的创造力和用之不竭的想象力感到惊讶，它们总是充分地展现在他丰富的构思方案当中。他总是竭力避免因循守旧、手法单一的创作风格，一直不懈而顽强地丰富和完善自己的创作风格，试图为下一款作品找到具有独特象征意义的图形和符号，力求让观赏者总能在他的作品中发现不同寻常的元素。想要在他的作品中找到两款解决方案相同的藏书票几乎是不可能的，这也是他藏书票作品总是如此新颖鲜明又富有个人特质的原因。他的藏书票充满浪漫主义色彩,散发着延绵不断的情意,又富有人文主义的关怀，饱含对美好事物的颂扬，这种情感倾向构成了其中易于感知和领悟的惊人艺术形象。作品整体拥有的浪漫气息具有非凡的吸引力，能够更加接近观众的心，对于那些渴望与艺术进行交流的人来说，他的作品能够带来最直观具体的审美培养和艺术品味的教育。当你身处戈利亚霍夫斯基创造的藏书票世界里，你会不由自主地感受他内心的丰富情感。他的藏书票艺术是一种善良的,对生命予以肯定的,充满智慧的艺术。它们温柔、细腻、典雅、精美、活泼，有时还包含善意的玩笑，是真正的艺术作品，对那些精美的书籍来说称得上是极为完美的装饰。

GERARD GAUDAEN
EX LIBRIS

EX LIBRIS
M·АЛПАТОВА

1 | 2 | 3

1 高登藏书

112mm x 72mm 1964 年 木刻

2 阿尔帕托夫藏书

103mm x 51mm 1966 年 木刻

3 米拉达藏书

74mm x 62mm 1964 年 木刻

EX LIBRIS
Олесь
Гончар

Ex Libris
Ольги Берггольц

4 | 6
5 |

4 贡恰尔藏书

95mm x 82mm 1964 年 木刻

5 贝戈尔茨藏书

52mm x 76mm 1968 年 木刻

6 费伦茨藏书

97mm x 75mm 1966 年 木刻

из книг
В.Н.ТИШИНА

Ex Libris

7 | 9
8 |

7 季申藏书

113mm x 77mm 1967 年 木刻

8 列伊耶尔藏书

39mm x 68mm 年代不详 木刻

9 伊万年科藏书

108mm x 80mm 1967 年 木刻

EX LIBRIS
GIANNI MANTERO

EX LIBRIS
И. КОЗЛОВОЙ

10|12
11|

10 曼特罗藏书
97mm x 71mm 1968 年 木刻
11 科兹洛娃藏书
52mm x 75mm 1964 年 木刻
12 什马罗夫藏书
136mm x 80mm 1969 年 木刻

Из Собрания Московского
пушкинского
музея

Из книг

13|14|15|16

13 莫斯科普希金博物馆藏书

86mm x 69mm 1967 年 木刻

14 米罗诺娃藏书

84mm x 50mm 1967 年 木刻

15 米特罗欣藏书

78mm x 55mm 1968 年 木刻

16 格拉西莫夫藏书

74mm x 54mm 1955 年 木刻

EX LIBRIS
Andrzej Kempa

EX LIBRIS
Соломона
Вуля

17|18|19|20

17 克姆帕藏书

102mm x 71mm 1969 年 木刻

18 武尔藏书

68mm x 50mm 1966 年 木刻

19 洛塔尔 · 博尔茨藏书

97mm x 60mm 年代不详 木刻

20 安东尼 · 布罗什藏书

77mm x 60mm 1965 年 木刻

DR. SEMSEY ANDOR
XIII NEK BUDAPEST 1970 IX 36
EX LIBRIS

21|22

21 安多尔藏书
142mm x 89mm 年代不详 木刻
22 科尔尼洛夫藏书
129mm x 94mm 年代不详 木刻

Ex Libris
ISTVAN RETHY

23|24

23 伊什特万·雷季藏书

145mm x 102mm 年代不详 木刻

24 米拉舍夫斯基藏书

129mm x 85mm 年代不详 木刻

EX LIBRIS ОЛЕГА СУДЛЕНКОВА

25|26

25 苏德连科夫藏书
111mm x 101mm 年代不详 木刻
26 菲利波夫斯基藏书
110mm x 96mm 年代不详 木刻

Поляков Михаил Иванович 波利亚科夫

波利亚科夫（1903—1978），全名为波利亚科夫·米哈伊尔·伊万诺维奇（Поляков Михаил Иванович）。俄罗斯著名版画家、书籍插图艺术家。

波利亚科夫于1903年出生于拉年堡（今恰普雷金），1915—1916年就读于萨拉托夫博戈柳博夫斯基绘画专科学校，1926年毕业于萨拉托夫中等美术技术学校，同年进入莫斯科国立高等工艺美术学校（今莫斯科国立工业艺术大学），师从著名艺术家法沃尔斯基，但他并没有成为其坚定的追随者，而是将一生的大部分时间献给了书籍艺术，先后就职于苏联作家出版社、小说出版社、苏联文学出版社、学术出版社，从事插图以及书籍装帧工作。他采用木刻版画技术共创作了46款藏书票。

从1925年创作第一款藏书票起，他就一直致力于描述爱书人的思想境界，用隐喻、暗示取代详细的叙述，通过简洁易懂的画面，使作品的图像具有内在的联想性。他常常将文学作品主人公和艺术品的形象引入其中，画面生动形象：一艘古老的帆船在巨浪的波峰上如同蛟龙般扬起（图2）；意大利民间喜剧的演出正进行得如火如荼（图3）；鹳鸟们在凯旋门的废墟上筑巢，门内一对情侣正在幽会（图4）；天空中的缪斯，正准备将手持的花冠戴在俯身草丛、聚精会神创作的诗人头上（图7）。

1/2

1 莫济亚伊金藏书

70mm x 64mm 1967 年

2 米亚姆林藏书

41mm x 63mm 1965 年 木刻

ИЗ
КНИГ
М. ПАНОВА

EX LIBRIS
ВАЛЕРИИ
РЕПНИКОВОЙ

ИЗ КНИГ
Н Г
МАШКОВЦЕВА

EX LIBRIS

ИЗ
КНИГ
ЮРИЯ
СОКОЛОВА

3 | 4
5 | 6
| 7

3 帕诺夫藏书

65mm x 60mm 1965 年 木刻

4 瓦列里娅·列普尼科娃藏书

64mm x 35mm 1965 年 木刻

5 马什科夫采夫藏书

57mm x 42mm 1933 年 木刻

6 列普尼科娃藏书

42mm x 57mm 1927 年 木刻

7 尤里·索科洛夫藏书

46mm x 37mm 1933 年 木刻

Пиков Михаил Иванович 皮科夫

皮科夫（1903—1973），全名为皮科夫·米哈伊尔·伊万诺维奇（Пиков Михаил Иванович）。俄罗斯著名版画艺术家、书籍装帧设计师、书籍插图艺术家。

皮科夫于 1903 年出生于维亚特卡省（今基洛夫州）的什梅利哈村。1920 年中学毕业后进入维亚特卡艺术学校学习，第二年又以优异成绩考入莫斯科国立高等艺术与技术创作工作室印刷系，师从艺术大师法沃尔斯基学习素描、版画及插图。在法沃尔斯基的众多学生中，皮科夫可谓青出于蓝，他不仅在作品的外在形式上得到了导师的真传，更将其艺术指导思想融会贯通，创造出了属于自己的别具一格的艺术风格，为很多经典名著以及哲学著作创作了插图并进行了装帧设计，其版画作品早在 20 世纪 30 年代就通过鲁迅先生选编的《引玉集》和《苏联版画集》（译作毕珂夫）被介绍到了中国。

皮科夫的藏书票旨在揭示一个人的精神境界和知识世界。对于皮科夫来说，藏书票艺术首先不是叙事性艺术，而是表达性艺术。整体构图组织的节奏、内部空间的密闭性和平衡性、造型的特殊图式化、明显的线性化特征以及严谨的符号语言和比喻手段是他作品的主要特征。另外，他的艺术天赋也充分体现在他的藏书票作品中：能够巧妙地诠释并非常清晰地传达出时代精神和作品风格。

皮科夫一生共完成了约 10 款藏书票。欣赏他的作品，不仅需要专心致志的观察，更需要不断进行思考，这样才能透过表面的肤浅，透彻地理解作品的典雅精致之美。

ИЗ
КНИГ
МП
Н.Н. ОРЛОВА

EX
LIBRIS
GD

КНИЖНАЯ
ЛАВКА
МП
ПИСАТЕЛЕЙ
МОСКВА
МОХОВАЯ 22

EX LIBRIS
C.
VALENTINAE

1 | 2 | 5
3 | 4 |

1 奥尔洛夫藏书

40mm x 38mm 1963 年 木口木刻

2 杰莫斯费诺娃藏书

32mm x 24mm 1966 年 木口木刻

3 作家小书铺藏书

58mm x 44mm 1929 年 木口木刻

4 瓦连京藏书

43mm x 45mm 1960 年 木口木刻

5 伊戈尔・米亚姆林藏书

54mm x 89mm 1970 年 木口木刻

Лапшин Николай Иустинович 拉普申

拉普申（1905—2003），全名为拉普申·尼古拉·尤斯季诺维奇（Лапшин Николай Иустинович）。俄罗斯著名版画家、水彩画家。

拉普申于 1905 年 5 月 8 日出生在特维尔州的一个农民家庭。他从 11 岁开始接触绘画，后利用课余时间，在艺术家莫罗佐夫的指导下接受了最初的艺术教育。1925—1933 年就读于莫斯科国立高等工艺美术学校（今莫斯科国立工业艺术大学）版画系，师从著名艺术大师布鲁尼、库普列亚诺夫等人，并在三年级的时候，进入法沃尔斯基领导下的书籍版画研究部，学习构图理论以及版画理论，这些理论为他后来的创作奠定了坚实的基础。

从 1928 年起，他先后就职于青年近卫军出版社、《农民报》出版社、教育研究出版社等多家出版社，采用麻胶版画、木刻版画、石版画、水粉、水彩等技术，创作了大量风景、风俗、肖像题材的架上油画、版画和水彩画以及书籍版画作品。

藏书票对于拉普申而言既充满无限魅力又面临巨大困难，虽然他十分喜欢藏书票，但在创作时要把控自由发挥创意的尺度十分困难，但这些并没有阻止他的创作热情。他以实用性为前提，在解决方案上各不相同：在一些作品中，围绕藏书票所有者进行了相当详尽的描述，如《莫罗佐夫藏书》(图 5)；另一些则倾向于象征意义，如《季米特里·鲁缅采夫藏书》（图 2）；还有一些则被注入了幽默元素，如《福尔京斯基藏书》（图 1）；在以风景为题材时，作品还伴有强烈的抒情格调，为收藏家带来了无限的欢乐。

他一生采用木刻技术共创作了约 30 款藏书票。

EX LIBRIS
НЛ
СЕРГЕЯ ФОРТИНСКОГО

Микулинский З...
$x^n+y^n=z^n$
ИЗ КНИГ
ДИМИТРИЯ
РУМЯНЦЕВА
Н.Л.

EX LIBRIS
ТАНИ
ЛАПШИНОЙ
НЛ

Amor·Juventus
EX LIBRIS
С·А·ВУЛЯ

1 | 2 | 5
3 | 4 | 6 | 7

1 福尔京斯基藏书
60mm x 39mm 1962 年 木口木刻
2 季米特里·鲁缅采夫藏书
53mm x 36mm 1957 年 木口木刻
3 丹娘·拉普申娜藏书
35mm x 33mm 1962 年 木口木刻
4 武尔藏书
39mm x 55mm 1967 年 木口木刻
5 莫罗佐夫藏书
47mm x 34mm 1958 年 木口木刻
6 维克托·博科夫藏书
49mm x 24mm 1964 年 木口木刻
7 叶夫根尼·叶夫图申科藏书
50mm x 26mm 1964 年 木口木刻

EX LIBRIS
Михаила Юрьевича
Панова
НЛ
66

EX LIBRIS
Лев

EX LIBRIS
НЛ
Олега
Ласунского

1964
НЛ
EX LIBRIS
О.Л. РОЗЕНБЛАТТ

EX LIBRIS
1965
НЛ
Г.А. КАШОЯН

8 | | 11
9 | 10 | 12

8 米哈伊尔·尤里耶维奇·帕诺夫藏书

47mm x 65mm 1966 年 木口木刻

9 奥列格·拉松斯基藏书

48mm x 37mm 1965 年 木口木刻

10 罗森布拉特藏书

48mm x 29mm 1965 年 木口木刻

11 瓦列里娅·诺索娃藏书

42mm x 48mm 1962 年 木口木刻

12 卡绍扬藏书

47mm x 46mm 1965 年 木口木刻

Кравцов Гершон Абрамович 克拉夫佐夫

克拉夫佐夫（1906—1981），全名为克拉夫佐夫·格尔雄·阿布拉莫维奇（Кравцов Гершон Абрамович）。俄罗斯著名版画家、藏书票艺术家。

克拉夫佐夫于 1906 年出生于乌克兰切尔卡瑟镇。1935 年毕业于莫斯科绘画雕塑建筑学校（今苏里科夫美术学院），在校期间，师从著名艺术家法沃尔斯基，主要从事书籍装帧和书籍插图及架上版画的创作。

俄罗斯 20 世纪 60 至 70 年代的藏书票作品在世界藏书票艺术发展中扮演了重要的角色。通过那一枚枚精彩的作品不仅可以看到俄罗斯艺术家们的才华和创造性，还能体会到他们在复兴苏联藏书票这门高雅艺术时所做的努力（20 世纪 20 至 30 年代，俄罗斯的藏书票曾出现短暂的辉煌）。他们中的大多数人是俄罗斯早期卓越的艺术家法沃尔斯基、克拉夫琴科、巴甫洛夫等人的学生和追随者，继承并创造性地运用 20 世纪 20 年代的具有代表性的艺术遗产创作出了无愧于自己导师的藏书票作品，使其在俄罗斯造型艺术领域发展成了一个独特、完整的现象。在这些致力于复兴俄罗斯藏书票艺术的艺术家当中，法沃尔斯基的学生克拉夫佐夫在其中占有重要的地位。

根据定制的对象，他的藏书票作品主要分为两大类：为私人藏书创作的和为大型公共机构藏书创作的。对于为私人定制创作的那些藏书票，大多数情况是为他的朋友和亲人创作的，从职业身份来看，包括诗人、记者、艺术家、艺术评论家、出版工作者以及书籍收藏家、藏书票收藏家等，不乏各类知名人士，如宇航员尤里·加加林、苏联元帅布琼尼等。

为大型公共机构藏书创作的作品题材十分广泛，包括国内战争、宇宙太空、生产劳动与争取和平等各种题材，其中，社会题材及政治题材的作品占有很大的比例。通过这些作品，我们可以感受到克拉夫佐夫与时俱进的创作思想。

克拉夫佐夫一生采用木刻版画技术共创作了 300 多款藏书票。对于每一款藏书票作品，他都力图找到新的构思和新的技术解决方案，试图赋予每件作品一种值得回味的艺术形象。在创作中,他尽量避免自然主义,力求在藏书票中只表达最重要的、具有某些典型特征的和具有象征意义的形象，从而使每一款作品都可以做到简洁深刻地揭示藏书票所有者的意愿和个性的要求。

克拉夫佐夫将藏书票视为一项非常严肃的创作，通过形式各异的构图方案、从不重复的情节和形象都可见端倪。他无法容忍艺术创作中的陈词滥调与墨守成规。就像是对复杂的数学方程式进行解析而得出的清晰而简单的结果，它是一个无可辩驳的证据，证明了艺术家对自己有着非常严格的要求。他创作的藏书票体现出了充分的象征主义以及创作与构思的高度协调一致，这些都无疑使作品充满了力量，因此他的藏书票也是智慧的结晶。

谈到克拉夫佐夫的藏书票，还不得不赞叹它们所具有的实用性。在今天出现许许多多与其预期用途完全不相适应的藏书票的情况下，这一点显得尤为重要，而他的藏书票的尺寸（克拉夫佐夫从未创作过大尺寸的藏书票）也一直在表明它们的用途是装饰书籍，并不仅仅是放置在收藏家的专辑或收藏夹中的摆件。

ИЗ КНИГ ОЛЕГА ПОПОВА

EX LIBRIS
М.С.
ЧУРА-
КОВОЙ

EX LIBRIS
אראן
ווערגעליס
АРОНА
ВЕРГЕЛИСА

EX LIBRIS
RUDOLF HLAVA

1 | 2 | 5 | 6
3 | 4 | 7 |

1 波波夫藏书
61mm x 70mm 1962 年 木口木刻
2 丘拉科娃藏书
62mm x 50mm 1962 年 木口木刻
3 韦尔格利斯藏书
65mm x 36mm 1962 年 木口木刻
4 鲁道夫・赫拉夫藏书
56mm x 42mm 1966 年 木口木刻
5 “黎明”农场藏书
86mm x 61mm 1963 年 木口木刻
6 “镰刀与锤子”工厂藏书
68mm x 48mm 1963 年 木口木刻
7 伊文斯基藏书
39mm x 63mm 1964 年 木口木刻

Ex libris
МОСКОВСКОГО
ПЛАНЕТАРИЯ

ИЗ КНИГ
А. А.
СМИРНОВА

КНИГА
ЖАННЫ
ФЛИНК

EX LIBRIS
ПМБНОН

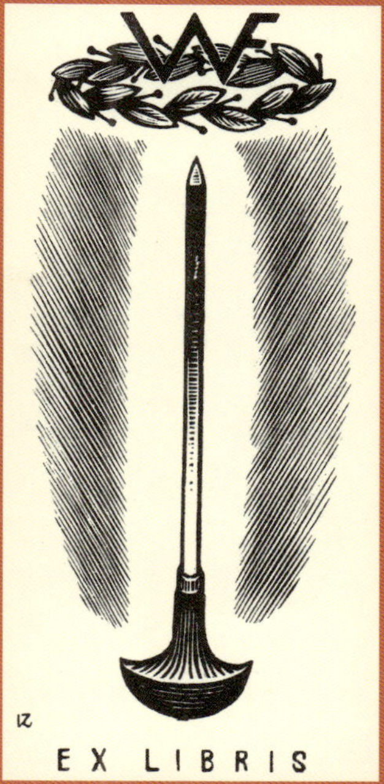

8 | 9 | 12 | 13
10 | 11 | 14

8 莫斯科天文馆藏书
90mm x 44mm 1963 年 木口木刻
9 斯米尔诺夫藏书
73mm x 63mm 1967 年 木口木刻
10 弗林克藏书
40mm x 41mm 1964 年 木口木刻
11 莫斯科第一公共图书馆藏书
54mm x 53mm 1967 年 木口木刻
12 捷尔任斯卡娅藏书
73mm x 52mm 1967 年 木口木刻
13 法沃尔斯基藏书
86mm x 38mm 1964 年 木口木刻
14 多纳尔德・别万藏书
55mm x 67mm 1967 年 木口木刻

КНИГА
С.М.БУДЕННОГО

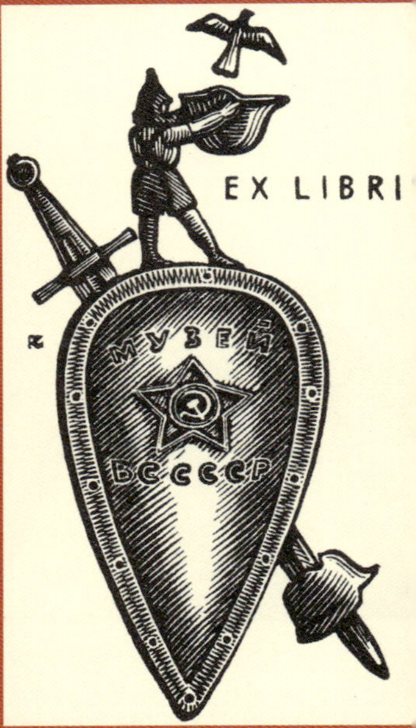
EX LIBRI
МУЗЕЙ
БС СССР

ИЗ КНИГ
КОЛХОЗА
«КАВКАЗ»

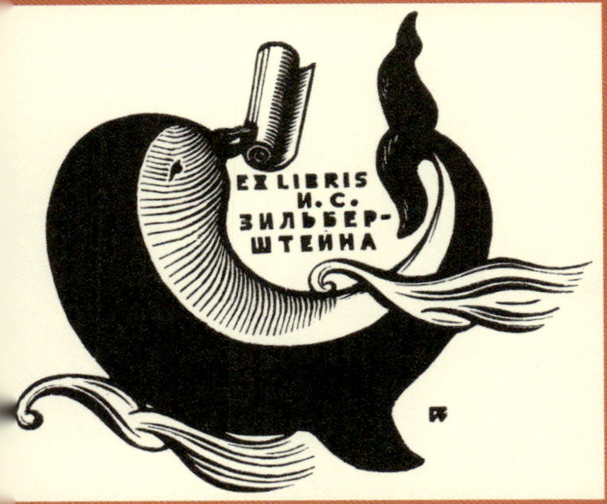

15|16|18
17| |19

15 布琼尼藏书

80mm x 61mm 1967 年 木口木刻

16 苏联武装力量博物馆藏书

81mm x 47mm 1968 年 木口木刻

17 高加索集体农庄藏书

70mm x 66mm 1968 年 木口木刻

18 列宁博物馆藏书

69mm x 58mm 1969 年 木口木刻

19 西尔伯施泰因藏书

58mm x 69mm 1969 年 木口木刻

EX LIBRIS
ИВАНА ДРАЧ

ПРОЕКТ

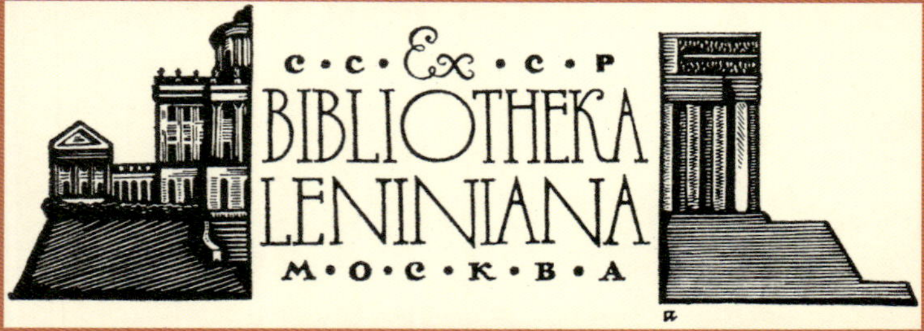
С·С·Ex·С·Р
BIBLIOTHEKA
LENINIANA
М·О·С·К·В·А

20|23|25
21|24
22

20 伊万·德拉奇藏书
46mm x 101mm 1970 年 木口木刻
21 西杰利尼科夫藏书
44mm x 96mm 1970 年 木口木刻
22 苏联列宁国家图书馆藏书
31mm x 96mm 1969 年 木口木刻
23 绍洛姆·古多维奇藏书
50mm x 61mm 1972 年 木口木刻
24 苏联革命博物馆藏书
93mm x 56mm 1977 年 木口木刻
25 巴勃罗·毕加索藏书
37mm x 40mm 1963 年 木口木刻

Бургункер Евгений Осипович 布尔贡克尔

布尔贡克尔（1906—1966），全名为布尔贡克尔·叶夫根尼·奥西波维奇（Бургункер Евгений Осипович）。俄罗斯著名版画家、书籍插图艺术家。

布尔贡克尔于1906年出生于叶夫帕托里亚尼市。1924—1930年就读于莫斯科国立高等工艺美术学校（今莫斯科国立工业艺术大学），师从法沃尔斯基。毕业后，他始终坚定不移地继承并发扬导师的思想，不断探索书籍装帧设计、书籍插图以及藏书票作品的构图解决方案，创作出了带有自己特色的作品。

虽然他于1935年就创作了人生中的第一款藏书票，但真正的创作活跃期却是在20世纪五六十年代。随着创作的不断深入，他的藏书票作品也日趋完美。早期的藏书票象征意义简单清晰，但却略显单薄，给人留下深受定制者一些不成熟意图掣肘的感觉；后来的藏书票则从外在形式到内容深度都变得愈加丰厚起来，可以自如地表达他对藏书票持有者的个性特征的态度以及认知深度。

此外，他与首都莫斯科的多家出版社都有过合作，为30多种大型出版物创作了插图并进行了书籍装帧设计。这对他的藏书票创作也产生了不小的影响，让他在对雕刻表面纹理进行倾心研究的同时兼顾作品的装饰性，从中可以清楚地看到法沃尔斯基流派的精髓，在这个方面，布尔贡克尔始终坚定不移地继承、发扬着导师的思想。

布尔贡克尔采用木刻版画技术共创作了17款藏书票。

1 | 2

1 库切里亚文科藏书
51mm x 42mm 1952 年 木口木刻
2 国家文学出版社图书馆藏书
59mm x 55mm 1985 年 木口木刻

КНИГА
Юр. Артова

ИЗ КНИГ
АН. ПЕРФИЛЬЕВОЙ

EX LIBRIS

ИЗ КНИГ Б. ЕВГЕНЬЕВА

3 | 4 | 7 | 8
5 | 6

3 阿尔托夫藏书

38mm x 62mm 1967 年 木口木刻

4 佩尔菲利耶娃藏书

48mm x 55mm 1956 年 木口木刻

5 季托夫藏书

53mm x 45mm 1965 年 木口木刻

6 叶夫根耶夫藏书

41mm x 65mm 20 世纪 60 年代 木口木刻

7 法沃尔斯基藏书

61mm x 43mm 1956 年 木口木刻

8 安德烈・涅姆琴科藏书

35mm x 56mm 1967 年 木口木刻

Теодорович Константин Иванович 特奥多罗维奇

特奥多罗维奇（1907—1964），全名为特奥多罗维奇·康斯坦丁·伊万诺维奇（Теодорович Константин Иванович）。俄罗斯著名版画家、藏书票艺术家。

特奥多罗维奇于1907年出生于圣彼得堡一个著名职业革命者家庭。他的整个童年都是随父母在流放之地西伯利亚度过的。1916年，就读于西伯利亚克拉斯诺亚尔斯克市一所沙俄开办的学校，并接受了初级美术教育。1917年，伴随着俄国十月革命的爆发，他很快便跟随父母搬迁到了莫斯科，并进入人民教育部直属的模范中小学社团学习文化课程。这期间，他还先后在当时著名艺术家马什科夫及卡尔多夫斯基等人开办的工作室进修油画课程。1926—1927年，就读于“革命俄罗斯艺术家协会”创办的学校。1931年，毕业于莫斯科国立大学文学系，此后应邀进入国家《新闻工作者》杂志社编辑部工作，以美术编辑及文学编辑的双重身份进行创作。从20世纪50年代初开始，特奥多罗维奇长期任职于苏联革命博物馆（今俄罗斯现代史博物馆）。

特奥多罗维奇学识渊博，对艺术史、世界文学史都有深刻的研究和独到的见解。这种高层次、多方面的文化修养让他明确选择艺术道路的同时，促使他的作品更富于创造性、专业性、独特性，具有深厚的文化内涵。他以其独特的才华、超常的想象力和对艺术理想的异常强烈的追求以及对俄罗斯文学艺术的“黄金时代”“白银时代”这两个“过去时代”的情有独钟而有别于同时代的很多艺术家，从而形成了他独具个性的、典雅含蓄的画风，时常弥漫着淡淡的忧愁与苦涩，蕴藏着饱受折磨后对未来的激情和憧憬，回荡着对人生孤独的慨叹。

特奥多罗维奇采用锌版技术共创作了 48 款藏书票作品，多为肖像类、场景类作品。其中肖像类作品多与文化名人有关，如普希金、托尔斯泰、契诃夫、叶赛宁、柴可夫斯基、贝多芬、马雅科夫斯基，场景类作品也多取材于文学作品中的情节。

尽管藏书票这种艺术形式对特奥多罗维奇来说是一个小小的“爱好”，尽管他把自己的藏书票作品称作“版画式的消遣”，但他却成功地创造出了如同宝石般熠熠生辉的藏书票艺术珍品，寄托着作者对祖国历史与文化的深切关怀。他在艺术领域发掘人性永恒的光辉的同时，也创造出了巨大的审美愉悦，令观者有一种欲罢不能的魂牵梦萦的神往。凭借这些作品，特奥多罗维奇不仅在藏书票领域获得了极高的声誉，更在苏联艺术史中为自己树立起了毫无争议的独特形象。正如一位俄罗斯艺术评论家所评价的那样：“他那些小巧精致的藏书票作品，如同‘过去时代’的记录，是小型版画真正的杰作。”

ex libris

GROMIKO

ИЗ КНИГ
МОКИ
АРОНСОНА

ИЗ КНИГ
АРИАДНЫ
ФЕСТА

1	2	5	6
3	4	7	

1 费奥多罗夫藏书

55mm x 69mm 1930 年 锌版

2 基拉·葛罗米柯藏书

62mm x 45mm 1963 年 锌版

3 阿伦森藏书

77mm x 59mm 1930 年 锌版

4 阿里阿德娜·费斯塔藏书

67mm x 54mm 1946 年 锌版

5 维林巴霍夫藏书

65mm x 51mm 1963 年 锌版

6 伊戈尔·特奥多罗维奇藏书

83mm x 60mm 1939 年 锌版

7 特奥多罗维奇藏书

61mm x 50mm 1946 年 锌版

ИЗ КНИГ К.Г. ТЕОДОРОВИЧ

из книг
К. Г. ТЕОДОРОВИЧ

ex libris
Германа Георгиевича
КАЛИНА

8 | | 11 | 12
9 | 10 | 13 |

8 克·特奥多罗维奇藏书
87mm x 92mm 1946 年 锌版
9 特奥多罗维奇藏书
53mm x 67mm 1947 年 锌版
10 卡利沙藏书
41mm x 55mm 1958 年 锌版

11 杜宾斯基藏书
78mm x 61mm 1947 年 锌版
12 尼古拉·阿诺索夫藏书
70mm x 52mm 1947 年 锌版
13 （帕索）索科洛夫藏书
64mm x 40mm 1953 年 锌版

EX LIBRIS
ЛЬВА ВЛАДИМИРОВИЧА
КЛУБОВА

ИЗ КНИГ
ВЕНИАМИНА
ТУРЯНСКОГО

ИЗ КНИГ

14|15|17|18
|16|

14 克卢博夫藏书
104mm x 71mm 1958 年 锌版

15 图良斯基藏书
70mm x 44mm 1956 年 锌版

16 基拉・葛罗米柯藏书
60mm x 45mm 1963 年 锌版

17 特奥多罗维奇藏书
71mm x 50mm 1953 年 锌版

18 安德罗诺娃藏书
71mm x 57mm 1955 年 锌版

из нот т.андроновой

Из книг
Василия Ивановича
АРДАМАТСКОГО

из книг
владимира
ШАБЛЕЕВА

19 | | 22 | 23
20 | 21 | 24 | 25

19 安德罗诺娃所藏乐谱
40mm x 90mm 1954 年 锌版
20 阿尔达马茨基藏书
75mm x 52mm 1963 年 锌版
21 沙布列耶夫藏书
79mm x 37mm 1940 年 锌版
22 阿尔戈藏书
53mm x 70mm 1958 年 锌版
23 安德罗诺娃藏书
59mm x 42mm 1955 年 锌版
24 戈洛瓦乔夫藏书
73mm x 49mm 1947 年 锌版
25 特奥多罗维奇藏书
70mm x 50mm 1958 年 锌版

ИЗ КНИГ
АБУ
К.Т.63.

ИЗ КНИГ
АНАТОЛИЯ
ГРОМЫКО

Из книг
Ираиды
Кудрявцевой

26|27|29|30
28

26 阿布藏书
101mm x 62mm 1963 年 锌版
27 阿纳托利・葛罗米柯藏书
73mm x 50mm 1963 年 锌版
28 库德里亚夫采娃藏书
57mm x 43mm 1963 年 锌版

29 克拉夫季娅・特奥多罗维奇所藏乐谱集
80mm x 66mm 1963 年 锌版
30 图尔曼尼泽藏书
78mm x 60mm 1947 年 锌版

Вакидин Виктор Николаевич 瓦基丁

瓦基丁（1911—1991），全名为瓦基丁·维克托·尼古拉耶维奇（Вакидин Виктор Николаевич）。俄罗斯著名版画家、油画家、书籍插图艺术家、书籍装帧设计师。

瓦基丁于 1911 年出生在沃罗涅日的一个工人家庭。1935 年毕业于莫斯科国立高等工艺美术学校（今莫斯科国立工业艺术大学）。还在学生时代的他已经从事起了版画家和书籍艺术家的工作，与苏联作家出版社、青年近卫军出版社、外国文学出版社等多家大型出版社以及世界各地的流行杂志进行过合作。

他关于藏书票的解决方案多样而又简洁。对于作品主题的复杂性、象征主义的思想性的认识有别于他人，极力避免无关紧要的细枝末节，大胆加入叙事元素、象征符号以及动植物图案，以严谨的构图、清晰的理念和别样的创造力组成了一幅幅别有洞天、趣味横生的图画，简洁清晰却又深刻形象地表达了自己的主要思想。另外，他以心爱的莫斯科和列宁格勒城市为蓝本创作的架上石版画也让观众大为惊讶，在震撼中感受到了形态各异的城市之美。

瓦基丁一生共创作了 50 多款藏书票作品，均采用木口木刻技术完成。

1 | 2
3

1 塔格尔藏书

71mm x 17mm 1966 年 木口木刻

2 切尔涅佐夫藏书

40mm x 37mm 1967 年 木口木刻

3 若尔特克维奇藏书

22mm x 40mm 1968 年 木口木刻

Из книг
Э. Е. Гуревич

Из книг
И. Л. Слонима

Из
книг
Ф. И. Полищук-
Гусятинской

Из книг
В. Л. Кретовича

Из
книг
Т. М. Литви-
новой

4 | 5 | | 9
6 | 7 | 8 | 10

4 古列维奇藏书
47mm x 35mm 1962 年 木口木刻

5 斯洛尼姆藏书
46mm x 33mm 1964 年 木口木刻

6 波利修克-古夏京斯卡娅藏书
45mm x 28mm 1956 年 木口木刻

7 克列托维奇藏书
31mm x 26mm 1962 年 木口木刻

8 利特维诺娃藏书
24mm x 15mm 1960 年 木口木刻

9 波特列索夫藏书
32mm x 48mm 1968 年 木口木刻

10 斯洛尼姆藏书
26mm x 47mm 1964 年 木口木刻

Наговицын Анатолий Терентьевич 纳戈维岑

纳戈维岑（1921—2000），全名为纳戈维岑·阿纳托利·捷连季耶维奇（Наговицын Анатолий Терентьевич）。俄罗斯著名版画家、藏书票艺术家，俄罗斯功勋艺术家。

纳戈维岑于1921年1月10日出生于基洛夫州波克罗夫斯克村。1938—1939年就读于敖德萨美术专科学校。1940年应召加入海军。1945年参加了对日作战。1953年，从列宁格勒穆希娜工艺美术学院毕业后，被分配到基洛夫州工作。1963年移居沃洛格达州切列波韦茨市。

早在20世纪60年代，纳戈维岑已经是版画界一个响亮的名字了。在技术上，他刀法娴熟；在形式上，其作品或黑白对比强烈，或色彩鲜艳。纳戈维岑显然是一位高素质的版画艺术家，他多方面的才华引起了极大的关注。无论是工业景观，还是北方的建筑、森林、旷野，都一一呈现在他的刻刀下。俄罗斯北部土地上悠久的古迹、充满原始力量的大自然和其富饶多姿的形态也通过他的作品在观赏者面前交替掠过。

在俄罗斯藏书票的复兴阶段，除了众所周知的两大中心莫斯科和圣彼得堡外，“外省”艺术家也异军突起，其艺术文化的文明程度和水平不亚于两大中心，其作品呈现出来的气息也更清新自然。他们为藏书票艺术提供了创作风格的多样性和更大的可能性。那些广大的边远地区在“深处”保留了更古老的建筑瑰宝，并承载了更加奔腾汹涌的河流和广袤无际的森林景观，更令人惊喜的是那些地区的劳动与生活方式、不同民族的服饰以及独特的风俗。纳戈维岑提出的各种针对藏书票的解决方案和主题，证明了他作为装饰艺术家的天赋。他的作品成为莫斯科和列宁格勒许多藏书票艺术爱好者关注的焦点，在那里人们经常展览和公开讨论这位来自切列波韦茨的艺术家的作品。纳戈维岑的创作源自传统正规的艺术流派，受到了莫斯科、圣彼得堡、敖德萨等几个流派不同阶段、倾向的影响。但是，同所有同时代的版画家一样，纳戈维岑以多种形式显示出了与法沃尔斯基流派的紧密联系，并在造型和色彩的丰富性方面继承了苏联现实主义艺术大师法利列耶夫的传统。

纳戈维岑一生共创作了约 300 款藏书票作品。在技巧方面，除了常见的木刻版画、麻胶版画技术外，他还成功地进行了多方面的实验。纳戈维岑以铜版画技术结合其他技术手段，创作出了多种多样的一次多版多色印制方法。在印刷颜料的选择上，不但使用常规版画印刷颜料，也使用水彩颜料。纳戈维岑以真实、质朴和坚定的原则创作出来的作品直观、有力、强烈、稳重，从根本上确保艺术家的创作是双脚站在坚实的现实主义大地上的，并向人们宣告：生活和自然的真理与艺术的美和逻辑不存在任何矛盾和冲突。

EX LIBRIS
Б.А.ПОРФИРЬЕВА

EX LIBRIS
А.Т.НАГОВИЦЫНА

1 | 3 | 4
2 | 5 | 6

1 波尔菲里耶夫藏书
31mm x 62mm 1967 年 木刻
2 纳戈维岑藏书
96mm x 78mm 1965 年 套色麻胶版
3 涅卡耶夫藏书
60mm x 60mm 1966 年 木刻

4 福尔京斯基藏书
62mm x 53mm 1966 年 木刻
5 齐鲁利尼克藏书
48mm x 61mm 1964 年 麻胶版
6 马兹鲁霍藏书
54mm x 46mm 1964 年 木刻

EXLIBRIS
Б.К.ГОГЕЛЬ
66

EX-LIBRIS
В.Ф.ГРИГОРЬЕВА

7 | 9
8 | 10

7 戈格尔藏书

73mm x 69mm 1966 年 木刻

8 格里戈里耶夫藏书

64mm x 62mm 1966 年 木刻

9 科别利科夫藏书

71mm x 66mm 1966 年 木刻

10 季亚科诺夫藏书

68mm x 60mm 1966 年 木刻

ЕСЕНИНИАНА
ВАЛЕРИЯ ПОЛИКАРПОВА

From Lyudmila Nikolaevna Sobolevs

11|12|13|14

11 瓦列里·波利卡尔波夫所收藏的叶赛宁系列图书
80mm x 74mm 1967 年 木刻

12 索博列夫斯卡娅藏书
97mm x 48mm 1967 年 木刻

13 戈格尔藏书
87mm x 58mm 1967 年 木刻

14 米纳耶娃藏书
81mm x 58mm 1967 年 木刻

ИЗ КНИГ
Н.С. БАРСАМОВА

Ex libris
Е.Н.
МИНАЕВА

ex libris
В.А. МАНУЙЛОВА

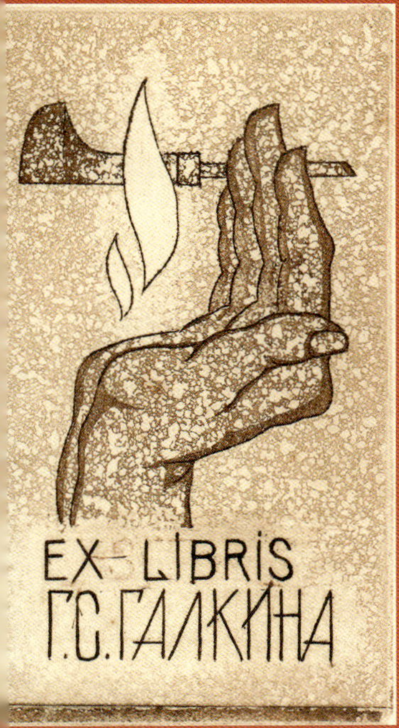

15|16|18|19
17

15 巴尔萨莫夫藏书
88mm x 53mm 1969 年 铜版
16 米纳耶夫藏书
85mm x 60mm 1971 年 双套色铜版
17 马努伊洛夫藏书
58mm x 48mm 1975 年 铜版

18 加尔金藏书
91mm x 50mm 1968 年 铜版
19 阿克丘林藏书
69mm x 64mm 1971 年 铜版

Кузнецова Евгения Ивановна 库兹涅佐娃

库兹涅佐娃（1921— 2009），全名为库兹涅佐娃·叶夫根尼娅·伊万诺夫娜（Кузнецова Евгения Ивановна）。俄罗斯著名版画家、水彩画家。

库兹涅佐娃于 1921 年 5 月 16 日出生于皮亚季戈尔斯克。早期从事架上版画和水彩画创作。库兹涅佐娃是俄罗斯为数不多的采用镂花模板技术创作藏书票的艺术家，在俄罗斯藏书票艺术复兴时期（20 世纪 60 年代）进入这一领域。她技艺高超，作品构图简洁、形象概括、辨识度高，以精湛细腻的雕刻技艺使得图案的每一个细节都精准地还原了设计稿，具有强烈的动感和表现力，就连之后拓印出的图案都被翻模制成锌板，特别是肖像类作品，可谓形神兼备，深受观众喜爱。她的藏书票装点了全国许多著名的文艺活动家、科学家、科技工作者、体育界人士的大量藏书，在艺术界和收藏界得到了大家的高度认可。

库兹涅佐娃一生共创作了 560 余款藏书票。

1 米纳耶娃藏书

136mm x 79mm 1973 年 锌版

Ex
Libris
Е.Н.ШАЛЫГИНОЙ

Ex
Libris
Hellas
Э.А.ФРИККЕЛ

2 | 3 | 4 | 5

2 沙雷吉娜藏书

102mm x 69mm 1981 年 锌版

3 弗里克尔藏书

124mm x 53mm 1981 年 锌版

4 亚岑科藏书

118mm x 60mm 1981 年 锌版

5 伊扎科维奇所藏《安娜·卡列尼娜》

102mm x 58mm 1983 年 锌版

EX LIBRIS
С.А.ГУДОВИЧА

EX LIBRIS
ПОЛКОВСКОГО
Г.Ф.

НИКУЛИНА Г.Н.

6 | 7 | 9
8 | |

6 古多维奇藏书

91mm x 68mm 1981 年 锌版

7 波尔科夫斯基藏书

92mm x 73mm 1973 年 锌版

8 尼库林藏书

81mm x 65mm 1973 年 锌版

9 B. T. Г. 藏书

105mm x 76mm 1973 年 双套色锌版

EX LIBRIS
Н.Я.ВЕЛИКАНОВА

10 |11

10 韦利卡诺夫藏书

85mm x 100mm 1973 年 双套色锌版

11 H.B. 托尔斯塔娅所藏列夫·托尔斯泰文集

132mm x 87mm 1978 年 锌版

Ex Libris
T. GUDZOWSKI

12|13|14

12 古德佐夫斯基藏书

122mm x 83mm 1979 年 锌版

13 佩尔金藏书

103mm x 65mm 1979 年 双套色锌版

14 曼茹多藏书

92mm x 53mm 1973 年 锌版

Ex Libris
Н.В.САЗОНОВА

Ex Libris
K. Izakovič

15|17
16|

15 萨佐诺夫藏书
79mm x 91mm 1980 年 双套色锌版
16 伊扎科维奇藏书
86mm x 66mm 1977 年 锌版
17 亚岑科藏书
101mm x 76mm 1980 年 锌版

ex libris
Л.Ф.
Тартынского

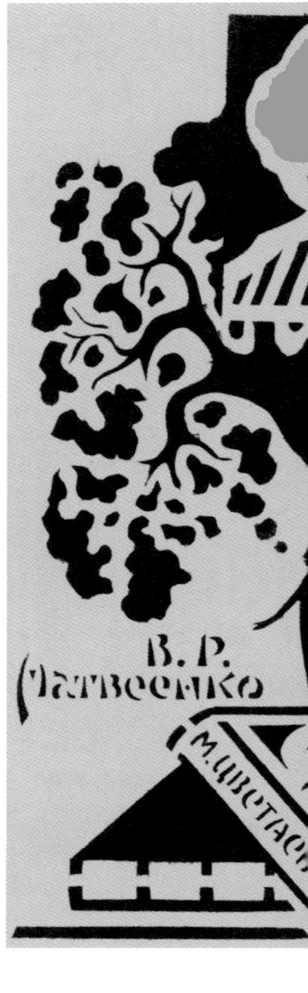
В. Р.
Матвеенко

18|19|20

18 塔尔滕斯基藏书

130mm x 78mm 1983 年 锌版

19 马特韦延科所藏《茨维塔耶娃诗集》

110mm x 69mm 1981 年 锌版

20 叶夫多基莫娃所藏《阿赫玛托娃诗集》

105mm x 84mm 1981 年 锌版

Паньков Михаил Андреевич 潘科夫

潘科夫（1921—1991），全名为潘科夫·米哈伊尔·安德烈耶维奇（Паньков Михаил Андреевич）。俄罗斯著名版画艺术家、藏书票艺术家。

潘科夫于 1961 年进入藏书票创作领域，一生共创作了约 300 款藏书票作品。其创作采用锌版和木刻版画技术，其中，锌版类作品大多制作精良，绘制功力雄厚，布局巧妙。

他的藏书票题材多种多样，以情节的丰富性、构图结构的复杂性、绘制的准确性以及装饰性著称，一幅幅作品宛若一个个浪漫或抒情的小故事，内容新颖且具有原创性，充满想象力。在大多数情况下，他会使用象征性符号和标志性符号来彰显藏书票所有者的职业，而反映大自然的作品，往往充满了深深的抒情感。在诸多作品中，叶赛宁题材极具代表性，他为这一主题奉献了约 30 款作品，由叶赛宁的形象、诗句、故居组成。另外一组有关列宁题材的作品也广受欢迎，由 27 款作品组成，多为肖像类藏书票。除了满足私人定制外，他还为许多公共机构、组织创作了藏书票。

1 瓦谢尔–吉谢尔藏书
112mm x 76mm 1965 年 套色锌版

PISANVS·
Из собрания
Д·РОБИНСОН
БУОНАРОТТИ

Синеокий
ЕСЕНИНИАНА
Я буду воспевать
Всем существом в поэте
Шестую часть земли
С названьем кратким «Русь»
С. Есенин.

50
1917×1967
Из книг М·ПАНЬКОВА
Подаренных Авторами

2 | 4 | 5 | 6
3 | | |

2 鲁宾逊藏书
68mm x 110mm 1969 年 锌版
3 西涅奥基藏书
72mm x 52mm 1967 年 锌版
4 潘科夫藏书
70mm x 52mm 1967 年 锌版
5 劳赫韦格尔藏书
91mm x 69mm 1970 年 木刻
6 德米特里·瓦夫里克藏书
60mm x 32mm 1966 年 锌版

Юрий ЛЯСОТА
181
Exlibris

161
ВОЕННАЯ
ЛИТЕРАТУР
Е·Н·МИНАЕВА

7 | 8 | 9 | 10

7 尤里·利亚索塔藏书

89mm x 62mm 1966 年 锌版

8 米纳耶夫藏书

87mm x 54mm 1968 年 木刻

9 库利科夫藏书

84mm x 63mm 1966 年 锌版

10 潘科夫藏书

73mm x 50mm 1968 年 锌版

Из книг
Вяч
Кузнецова

Ex-libris
Буровых

Ленинские места в Сибири 1897
Бывшая библиотека купца Юдина
Из книг
Л·А·Чувашевской

11 | 12 | 14 | 15
13

11 库兹涅佐夫藏书
67mm x 51mm 1969 年 锌版
12 布罗夫家族藏书
93mm x 62mm 1965 年 锌版
13 丘瓦舍夫斯卡娅藏书
68mm x 50mm 1969 年 锌版

14 库尼亚耶夫藏书
80mm x 55mm 1970 年 锌版
15 罗曼年科藏书
79mm x 54mm 1969 年 锌版

Свалов Владимир Николаевич 斯瓦洛夫

斯瓦洛夫（1923—2014），全名为斯瓦洛夫·弗拉基米尔·尼古拉耶维奇（Свалов Владимир Николаевич）。俄罗斯著名版画家、藏书票艺术家。

斯瓦洛夫于 1923 年 7 月 31 日出生于西伯利亚的克拉斯诺亚尔斯克市，通过油画创作踏上了艺术之旅。但直到 1961 年，他才涉足版画领域，并从 1962 年起，开始参加国内外各类版画展，为克拉斯诺亚尔斯克的藏书票事业做出了重要贡献，与图罗夫、马林等人一起代表着西伯利亚藏书票的整体形象。

他的第一枚藏书票创作于 1964 年，后期作品题材多样。他的任何形式的藏书票，都是以自己独有的方式讲述那些为书所折服的人——他的职业、兴趣和爱好。仔细端详他的藏书票，会看到其中的每一枚都承载着明确的思想，都包含着人性的温暖。在场景设置上，他追求简洁和表现力，直达主题，如故乡克拉斯诺亚尔斯克那风景如画的近郊、著名的“石林”风景区、动植物题材、历史题材、文学题材、医学领域、地方志等，还有根据定制者个人的情趣要求所设定的题材都让人印象深刻。

1 | 2

1 久日科夫家族藏书
63mm x 43mm 1969 年 套色木刻
2 丘瓦舍夫斯卡娅藏书
57mm x 57mm 1966 年 麻胶版

ИЗ КНИГ
В. Аверихина

EX LIBRI
Н.З. ЛОПАТИН

EX LIBRIS
А. МОГИЛЬНИКОВА

ИЗ КНИГ
И.Х.ДУБКОВА

3 | 4 | 7
5 | 6 |

3 阿韦里欣藏书
75mm x 72mm 1968 年 双套色木刻
4 洛帕京藏书
75mm x 46mm 1967 年 麻胶版
5 莫吉利尼科夫藏书
63mm x 50mm 1968 年 麻胶版

6 杜布科夫藏书
59mm x 42mm 1967 年 木刻
7 维诺格拉多夫藏书
63mm x 72mm 1967 年 麻胶版

ИЗ КНИГ
К.В БОГДАНОВИЧА

ИЗ КНИГ
В.И.МЕШКОВА

ИЗ КНИГ
Калинина

8 | 11 | 12
9 | 13
10

8 博格丹诺维奇藏书

37mm x 88mm 1967 年 麻胶版

9 梅什科夫藏书

39mm x 76mm 1966 年 麻胶版

10 加里宁藏书

37mm x 54mm 1966 年 麻胶版

11 赫尔墨・福杰德加尔德藏书

69mm x 47mm 20 世纪 80 年代 双套色木刻

12 先科娃藏书

72mm x 52mm 1969 年 麻胶版

13 费加诺夫家族藏书

47mm x 53mm 1967 年 麻胶版

Сапожников Александр Васильевич 萨波日尼科夫

萨波日尼科夫（1925—2009），全名为萨波日尼科夫 · 亚历山大 · 瓦西里耶维奇（Сапожников Александр Васильевич）。俄罗斯著名版画家、书籍插图艺术家。

萨波日尼科夫于 1925 年在乌拉尔地区车里雅宾斯克附近的科斯蒂利村出生。1953 年毕业于莫斯科国立高等工艺美术学校（今莫斯科国立工业艺术大学）装饰与应用艺术系。毕业后不久，就与当时著名艺术家科林一起参加了莫斯科地铁站大型艺术壁画及装饰的设计工作。地铁站全部的金属装饰部分都是根据他的草图和结构图设计完成的。同时，他也参与了这项工程的现场施工作业。

因受同学兼好友同时也是著名版画家弗罗洛夫的影响，他对木刻技术产生了浓厚的兴趣，并师从艺术大师法沃尔斯基和著名艺术家杰伊涅卡，很快他就成了法沃尔斯基流派的主要成员。萨波日尼科夫曾先后就职于专门出版外国文学的进步出版社和彩虹出版社，为西欧经典文学作品创作插图，也曾担任国家文艺出版社和美术文学出版社的美术编辑。

从艺几十年，萨波日尼科夫装帧设计了 200 多种世界文学名著。此外，他还设计了大量的插图。萨波日尼科夫的插图不是简单的文字视觉转换，它们深刻揭示了文学作者对小说、诗歌、散文叙事语调和生动的、隐含的情绪，插图连最小的细节都设置得十分周全，不存在随机性的元素。有趣的是，在创作非插图类的日常生活场景时，他的作品呈现出十足的趣味性、幽默感、恶作剧以及即兴创作的成分。

萨波日尼科夫的藏书票带着架上版画及插图版画的精彩元素，从创作之初就得到了公众的认可。他的藏书票作品不断出现在各类藏书票展览及相关书籍杂志中，而他本人也借此迅速成名。这类作品如同一个幻想的世界，充满戏剧性、讽刺意味。无论是作品构图的局部还是全景，其多种的解决方案都服从于图画的整体统一，如同情感细腻而暗隐忧伤的抒情诗，其中的人物表面性格开朗而内心敏感，大多身处一个看似生机勃勃却脆弱欲坠的世界里。

萨波日尼科夫一生共创作了 100 多款藏书票。

EX LIBRIS
VERONIQUE OREKHOV

1 | 3 | 4
2

1 科罗柳克藏书

105mm x 104mm 20 世纪 60 年代 木刻

2 韦罗妮卡·奥列霍娃藏书

45mm x 74mm 20 世纪 60 年代 木刻

3 伊琳娜·科罗柳克藏书

93mm x 58mm 1968 年 木刻

4 亚历山大·切尔诺夫藏书

85mm x 58mm 1968 年 木刻

EX LIBRIS
ДЬЯКОНИЦЫНА
Л·Ф
АС

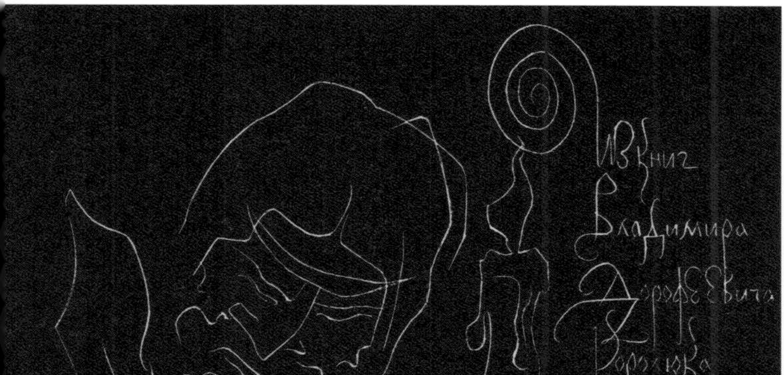

5 | 6

5 季亚科尼岑藏书
132mm x 98mm 20 世纪 70 年代 木刻
6 弗拉基米尔·科罗柳克藏书
104mm x 101mm 1968 年 木刻

ЧЕЛОВЕЧЕСКОЕ
СУЩЕСТВО - ЭТО
БЕСПОЛЕЗНАЯ
СТРАСТЬ ЖПС
EX·LIBRIS
ЯНЫ

VINCE IN BONO MALUM
EX·LIBRIS·J·ARGO

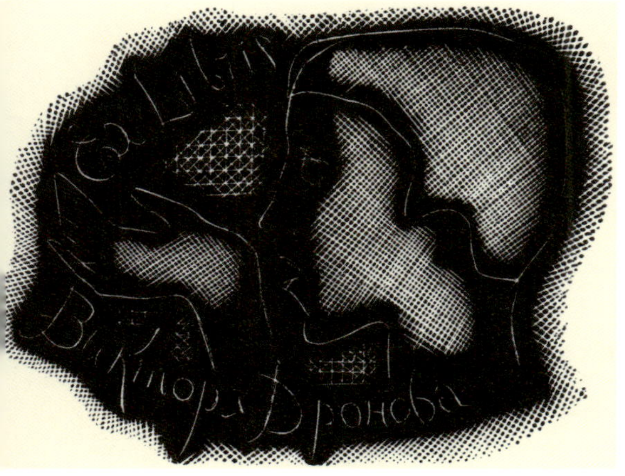

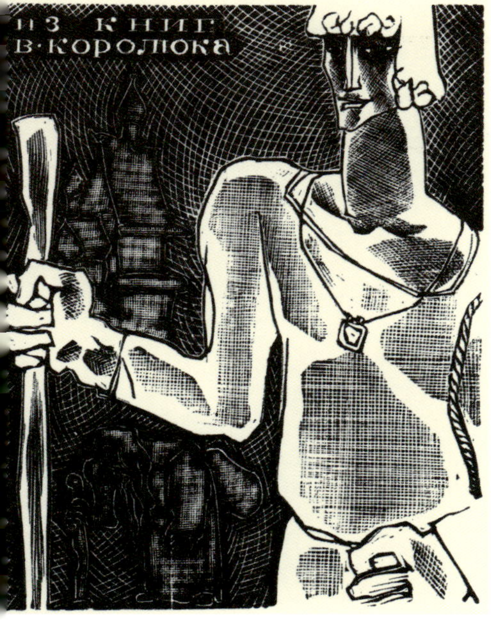

7 | 9
8 | 10

7 亚娜藏书

71mm x 139mm 1981 年 木刻

8 阿尔戈藏书

84mm x 70mm 1981 年 木刻

9 维克托 • 德罗诺夫藏书

59mm x 77mm 1968 年 木刻

10 科罗柳克藏书

80mm x 63mm 1968 年 木刻

Стрижак Николай Георгиевич 斯特里扎克

斯特里扎克（1926—2003），全名为斯特里扎克·尼古拉·格奥尔吉耶维奇（Стрижак Николай Георгиевич）。俄罗斯著名版画家、艺术评论家、军事工程师、美术教育家、新闻工作者。

斯特里扎克于 1926 年 3 月 31 日出生于扎波罗热市。1954 年毕业于列宁格勒莫扎伊斯基空军学院，1969—1974 年就读于列宾美术学院，1976 年毕业于列宁格勒国立大学新闻学院，同年成为苏联美术家协会会员和苏联新闻工作者协会会员。他采用木刻版画、石版画、麻胶版画、锌版以及复杂的拱花技术共创作了约 500 款藏书票，以肖像、文学作品场景和圣彼得堡风景为主要题材。

早在 1962 年，他的藏书票作品就开始出现在众多展览上，彼时他已经是列宁格勒高尔基科研人员之家的书籍与版画部成员了，时隔不久，他一跃成为列宁格勒藏书票俱乐部的创建人之一。他不仅从全新的理论视角去诠释藏书票艺术，还根据他最喜爱的文学作品为题材创作了独特的藏书票套系。早在创作之初，他就凭借几款普希金题材的作品一举成名。在他的藏书票创作中，普希金一直是一个耀眼夺目的话题，他创新地运用了几乎已被大众遗忘的、优美的剪影和拱花艺术，设置了贴合人物的场景，使文学作品人物富有了古典艺术气息，取得了罕见的戏剧效果，他也凭借该系列跻身于藏书票艺术的杰出大师之列。叶赛宁、莱蒙托夫、门捷列夫、但丁等题材也先后出现在他的作品中。

Ex Libris
Юлии
Стрижак
НС-62 г.

Москва
Венера Милосская
Париж
НС 64
LIBRI
Сокольского Н.И.

КНИГА
Светы
НС

EL
А. БЕРЗИНЬ

1 | 2 | 5 | 6
3 | 4

1 尤利娅・斯特里扎科藏书
98mm x 63mm 1962 年 锌版
2 索科利斯基藏书
79mm x 55mm 1964 年 锌版
3 斯韦塔藏书
50mm x 76mm 1963 年 锌版

4 别尔津藏书
28mm x 28mm 1984 年 拱花
5 波格丹诺夫藏书
105mm x 73mm 1966 年 锌版
6 沙斯通藏书
79mm x 54mm 1964 年 锌版

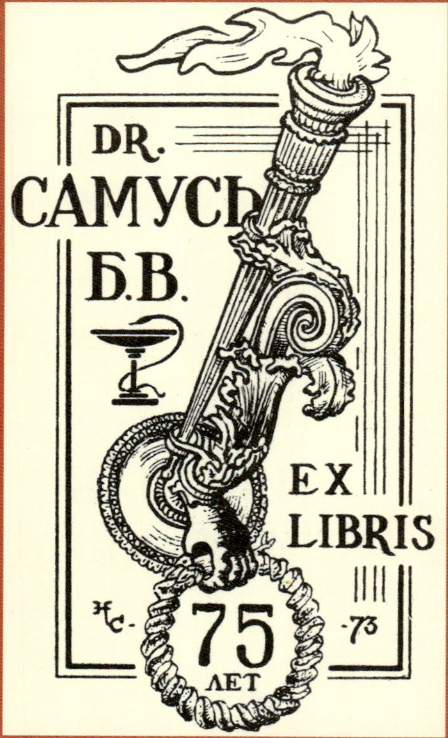
DR.
САМУСЬ
Б.В.
EX
LIBRIS
75
ЛЕТ
-73

МЕЧИСЛАВА
ТРУХНИЦКОГО
EX·LIBRIS

Я помню
чудное
мгновенье
Ex Libris
Бориса
Самусь

EL
Ал.ЗУЕВА

7 | 8 | 11 | 12
9 | 10 | 13

7 萨穆西藏书

100mm x 57mm 1975 年 锌版

8 特鲁赫尼茨基藏书

90mm x 59mm 1967 年 锌版

9 鲍里斯·萨姆西藏书

57mm x 62mm 1973 年 锌版

10 祖耶夫藏书

42mm x 42mm 1986 年 拱花

11 弗里什藏书

78mm x 64mm 1965 年 锌版

12 科尔希科夫家族藏书

74mm x 50mm 1985 年 锌版

13 武尔藏书

79mm x 35mm 1969 年 锌版

Фролов Вадим Антонович 弗罗洛夫

弗罗洛夫（1926—2000），全名为弗罗洛夫·瓦季姆·安东诺维奇（Фролов Вадим Антонович）。俄罗斯著名版画家、藏书票艺术家。

弗罗洛夫于 1926 年 4 月 22 日出生于西伯利亚的克麦罗沃市，那里有壮丽无比的大自然，这让还处于童年时期的他对大自然产生了无限的热爱与遐想。

1947 年，弗罗洛夫考入莫斯科应用装饰艺术学院雕塑系。当时，该校具有良好的学习环境和优秀的教学人员，苏联版画大师法沃尔斯基、著名艺术家杰伊涅卡等人都在该校任教。教师们在传授本专业技能的同时，还不断地启发学生们去拓展知识技能的多面性。年轻人尝试着多种技巧、风格和材料的综合运用。正是由于处在这样的学习氛围中，弗罗洛夫开始表现出了对版画极大的兴趣，参加了由法沃尔斯基指导的为期两三个月的书籍版画小组培训课程，这次培训成了他命运的转折点。从这以后，他沉浸于版画的世界无法自拔。在不断的学习与探索之中，在兼顾雕塑的同时，他也将无数个日日夜夜奉献给了心爱的版画事业。

弗罗洛夫有关藏书票创作的最初尝试始是在 1958 年，他把在架上版画和书籍版画中展现出来的聪明才智也及时地运用到了藏书票的创作中。

弗罗洛夫的诸多藏书票作品中最为著名的是那些有着动物造型的作品，其中有很多作品是专门为孩子创作的。这些孩子中甚至有刚刚踏入书籍收藏这个领域的新手，还属于初级的小小书籍收藏家。根据他们有趣而多面的性格，弗罗洛夫有时也会由此创作出整整一系列的藏书票作品。这类作品他不仅献给儿童，还为很多成年人创作过。这类作品更加显示出了他的才能、想象力、分寸感的卓绝。而他有关动物造型的藏书票也因此被公认为是他最好的作品之一。

除此之外，其他作品也常常以独特新颖的题材或者思路引人入胜。这类作品虽然没有出现真实可爱的动物形象，但我们依然可以感受到他在创作的同时仍旧保持着一颗童心。

另外，对于生活这部“戏剧”，他还以略带嘲讽的口吻，同时保持舒展的或略显含蓄但不会惹人生厌的内容创作了许多藏书票。

通常情况下，弗罗洛夫的藏书票作品都是精致优雅的小型木刻艺术品。这些作品所具有的优美与自如都是通过高超的创作技巧素养得以实现的。一款款场景输入极其自然的藏书票就像一个个饱满而自由的烙印，充满了热忱，充满了动态的美，同时，各类形象的立体感也会让人联想起构筑在白色平面背景上的优美浅浮雕，令人兴趣十足，浮想联翩。

他采用木刻版画、金属版雕刻等技术，一生共创作了 200 余款藏书票。

EX LIBRIS
G.GAUDAEN

ИЗ КНИГ
ВАДИМА
ФРОЛОВА

EX LIBRIS
В.ФРОЛОВА

EX LIBRIS
ЛЬВА ТОКМАКОВА

1 | 2 | 5
3 | 4 | 6

1 高登藏书
72mm x 53mm 1963 年 木刻
2 弗罗洛夫藏书
67mm x 52mm 1963 年 木刻
3 弗罗洛夫藏书
64mm x 44mm 1963 年 木刻
4 列夫・托克马科夫藏书
61mm x 48mm 1962 年 双套色木刻
5 福尔京斯基藏书
53mm x 76mm 1963 年 木刻
6 马斯洛夫藏书
75mm x 41mm 1970 年 木刻

EX LIBRIS
DIANA RYHEUL

ИЗ КНИГ
АЛЕШИ ПЕРКИНА

EX LIBRIS
Я. БЕРДИЧЕВСКОГО

EX LIBRIS
О. ЛАСУНСКОГО

7	8	11	12
9	10	13	

7 鲁赫利藏书

80mm x 46mm 1964 年 木刻

8 阿廖沙・佩尔金藏书

73mm x 51mm 1964 年 木刻

9 别尔吉切夫斯基藏书

67mm x 44mm 1965 年 木刻

10 拉松斯基藏书

67mm x 45mm 1965 年 木刻

11 舍伦戈娃藏书

85mm x 53mm 1968 年 木刻

12 阿廖沙・佩尔金藏书

49mm x 59mm 1964 年 木刻

13 阿尼娜藏书

45mm x 56mm 1963 年 木刻

EX LIBRIS
Е. Н. МИНАЕВА

ВОЛОГОДСКАЯ
ОБЛАСТНАЯ
БИБЛИОТЕКА ИМЕНИ
И. В. БАБУШКИНА

ОЛИНА
КНИЖКА

КНИЖКИ
МАРИШКИ

14|15|18|19
16|17

14 米纳耶夫藏书

78mm x 57mm 1969 年 木刻

15 沃洛格达州立图书馆藏书

77mm x 48mm 1964 年 套色木刻

16 奥利娜藏书

65mm x 56mm 1969 年 木刻

17 马里什卡藏书

63mm x 43mm 1967 年 木刻

18 北顿涅茨克市立儿童图书馆藏书

78mm x 59mm 1969 年 木刻

19 阿姆斯季斯拉夫斯基藏书

76mm x 58mm 1966 年 木刻

ИЗ КНИГ
КИРЮШИ
САМОЦВЕТОВА

ИЗ КНИГ
И. НИКУЛИНОЙ

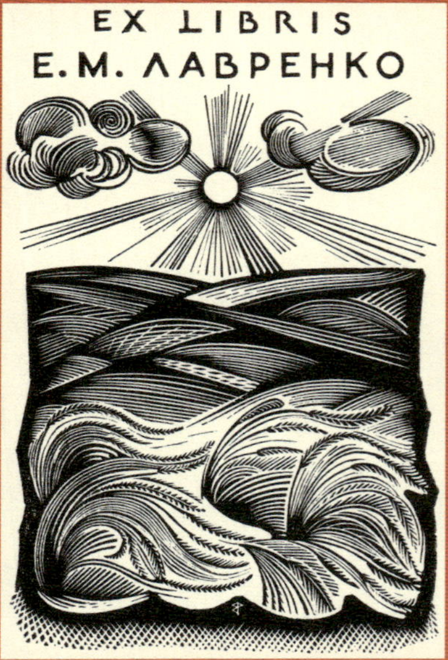
EX LIBRIS
Е. М. ЛАВРЕНКО

ИЗ КНИГ
В. Н.
ОСОКИНА

20|21|24|25
22|23|26|

20 基留莎·萨莫茨维托夫藏书
80mm x 60mm 1971 年 双套色木刻

21 尼库利娜藏书
79mm x 50mm 1971 年 木刻

22 拉夫连科藏书
77mm x 51mm 1971 年 木刻

23 奥索金藏书
75mm x 63mm 1971 年 木刻

24 拉里莎·瓦西里耶娃藏书
73mm x 72mm 1971 年 双套色木刻

25 奥戈利采夫藏书
33mm x 35mm 1971 年 木刻

26 列维茨基藏书
63mm x 45mm 1970 年 木刻

Калита Николай Иванович 卡利塔

卡利塔（1926—2016），全名为卡利塔·尼古拉·伊万诺维奇（Калита Николай Иванович）。俄罗斯著名版画艺术家、书籍插图艺术家、宣传画设计师。

卡利塔于 1953 年毕业于莫斯科苏里科夫国立艺术学院版画系。他的藏书票创作与他的书籍插图和架上版画创作密不可分，一生创作了约 150 款藏书票作品。其作品沉稳、谦逊，注重内在特征，不受外部影响，富有魅力，充满了思想内涵。

他的第一批藏书票作品出现于 20 世纪 50 年代末，时值苏联书籍、报刊业的鼎盛时期，也是苏联全民读书、爱书浪潮的高峰期。这个阶段，许多版画大师都转向了藏书票创作。对于许多艺术家来说，藏书票创作可以被视为创作大型情节作品的实验性准备工作，也可以被视为创造性的实验场。对卡利塔而言，这类小型版画则立即成了他创作活动中独立且重要的组成部分。凭借在书籍装帧设计领域积累的经验，他设计的藏书票无论是尺寸还是内容都展示出了高度的专业性，显示了创作范围的广度和对解决诸如此类“小”问题所采取的认真态度。就其构图来讲，他的藏书票作品无论是否带有框架结构，都能组合成一个完整和谐的整体。即使极少数没有边框的作品，各个元素之间随意流转却也高度统一。他的藏书票题材范围十分广泛，可以说，俄罗斯藏书票的各种主题都在卡利塔的作品上有所展现。至于说到雕刻技术，他是公认的雕刻魔术师，充分利用黄杨木的各种可能性，用精湛的技巧、明确的艺术观点在小幅雕刻作品中简洁地传达作品主题，线条细腻典雅，几乎精确到了每一毫米，这也让他名列俄罗斯版画家名录前列。

此外，卡利塔还是一位出色的字形设计大师。在他的藏书票中，字体组合起到不小于图画的作用。他回避了抽象主题，将藏书票有机地融入了书中，对每个字母进行精心设计，让藏书票不仅充当书籍所有者的标签，还起到了一定的美化装饰作用。他几乎不会重复字形解决方案，因此，他的藏书票散发出一种由内而外的书卷气，让人眼前一亮。

EX LIBRIS
G. KIMASK

EX LIBRIS
Б. ТЕНИНА

EX LIBRIS
М·ИВАНОВ

из книг
Н.ТИХОНОВА

из
книг
О.ПИНИ

из книг
С.Вуль

1	2	3	7	
4	5	6	8	9
			10	11

1 基马斯克藏书
85mm x 65mm 1966 年 木刻

2 捷宁藏书
nm x 30mm 1967 年 木口木刻

3 伊万诺夫–丘罗诺夫藏书
47mm x 23mm 1962 年 木刻

4 吉洪诺夫藏书
nm x 34mm 1958 年 木口木刻

5 皮恩藏书
40mm x 25mm 1958 年 木口木刻

6 武尔藏书
28mm x 56mm 1966 年 木口木刻

7 杰缅季耶夫藏书
25mm x 93mm 1965 年 木刻

8 普拉斯托夫藏书
54mm x 30mm 1966 年 木口木刻

9 库兹涅佐夫藏书
51mm x 38mm 1962 年 木刻

10 加夫里洛夫藏书
45mm x 61mm 1965 年 木口木刻

11 德列文藏书
71mm x 28mm 1966 年 木口木刻

Куем мы счастия ключи
Ф.С.Шкулёв
Ex libris
Арсения Стемпковского

славоу роуськыихъ словесъ възнесемъ до небесъ
изъ събраниıа книгъ
Василиа Феодоровича
Соболевскаго

Из книг
М.Стельмаха

А.Родина

12|13|16|17
14|15|18|19

12 阿尔谢尼・斯坚普科夫斯基藏书
82mm x 60mm 1971 年 木刻
13 索博列夫斯基藏书
108mm x 54mm 1974 年 木口木刻
14 斯捷利马赫藏书
73mm x 54mm 1966 年 双套色木口木刻
15 罗金藏书
34mm x 62mm 1970 年 木口木刻

16 格雷内尔藏书
82mm x 63mm 1967 年 木口木刻
17 别伊林松藏书
80mm x 46mm 1975 年 木口木刻
18 克拉夫佐夫藏书
22mm x 63mm 1964 年 木口木刻
19 索博利藏书
18mm x 39mm 1959 年 木口木刻

Копылов Рудольф Владимирович 科佩洛夫

科佩洛夫（1926—2011），全名为科佩洛夫·鲁道夫·弗拉基米尔罗维奇（Копылов Рудольф Владимирович）。俄罗斯著名版画家、书籍装帧设计师。

科佩洛夫于 1926 年出生于俄罗斯的下塔吉尔市。1951 年从乌拉尔工艺美术专科学校毕业后直到 1965 年，一直就职于出版社和印刷社，后调任当地美术基金会工作室工作。

自 1961 年科佩洛夫的第一款藏书票问世以来，他不断尝试各种材料和印制技术，包括木刻版画、麻胶版画、石版画、锌版技术，共创作了约 300 款藏书票。

科佩洛夫在早期的作品中对藏书票的自然属性以及对书籍的看法都保持着谦虚谨慎的态度。在不断的探寻中，这位艺术家找寻到了最能体现其创作意图的表达方式。从他的第一批藏书票中就可以察觉到其中独特的线性节奏以及简洁主义风格。

在科佩洛夫的藏书票作品中，画面和字形紧密相连，此外，他对作品的尺寸也进行了有效选择，使其能够与书籍有机结合。持续的创作探索不仅拓宽了他对藏书票的认知视野，也使其作品的原创性、独特性和唯一性日益凸显。

科佩洛夫作品的选题以抒情风景和文学作品场景为主，兼顾肖像，还有常常与民族民俗作品和带有场景的肖像作品相重叠的建筑风景。它们不仅展现出艺术家对藏书票所有者的友善态度，还表达了他对生活的沉思。他的代表作之一是为自己的藏书创建的一系列藏书票，其中再现了故乡下塔吉尔历史古迹的风貌。科佩洛夫肖像类作品的题材则包含了普希金、柴可夫斯基、马雅科夫斯基、契诃夫、阿赫玛托娃等众多俄罗斯的历史文化名人。

乌拉尔地区的藏书票虽然具有一定的传统积淀，但使得该地区的藏书票创作没有在俄罗斯藏书票的版图上迷失方向的，正是科佩洛夫等中生代艺术家的加入和他们迅速起到的领导作用。这些艺术家中的最佳代表也成了俄罗斯藏书票复兴运动的精英，他们有关藏书票的建议、实践及主张获得了高度认可。

EX
LIB
RIS
ТАМАРЫ КОПЫЛОВОЙ

EX LIBRIS
П. БОГДАНОВА

EX LIBRIS
JVLIA
RETHY

ИЗ КНИГ
П.А. НИКИФОРОВА

1 | 2 | 5 | 6
3 | 4

1 塔马拉·科佩洛娃藏书
90mm x 66mm 1963 年 锌版
2 波格丹诺夫藏书
62mm x 55mm 1963 年 锌版
3 伊夫利娅·列季藏书
57mm x 40mm 1966 年 木刻
4 尼基福罗夫藏书
66mm x 50mm 1963 年 双套色锌版
5 波格丹诺夫藏书
83mm x 62mm 1965 年 双套色锌版
6 马里奥·德·菲利普斯藏书
89mm x 59mm 1989 年 木刻

„Два открытия ума
человеческого – вот
первооснова всяко-
го движения на
земле: движение
в пространстве ста-
ло возможным
благодаря изоб-
ретению круг-
лого, вращаю-
щегося вокруг
своей
оси колеса,
движение
духовное –
благодаря
письменности"
Стефан Цвейг
EX LIBRIS

7 | 8 | 9 | 10

7 弗里施藏书
75mm x 71mm 1963 年 锌版
8 索洛夫耶娃藏书
80mm x 62mm 1974 年 木刻
9 肖洛霍夫藏书
80mm x 56mm 1965 年 锌版
10 列夫 · 别克托福藏书
75mm x 57mm 1966 年 木刻

ИЗ КНИГ
Д.В. ВЕНЕВИТИНОВ
Н.Ф. ПАВЛОВ
И. СЕВЕРЯНИН.
Д.И. ПИСАРЕВ
С.Ф. ДУРОВ
Н.А. ДУРОВА
Н.Т. КОКОРЕВ
Б.СМИРЕНСКОГО

ИЗ КНИГ
Е.ПЕТРАЕВА

11|12|13|14

11 斯米连斯基藏书
95mm x 68mm 1967 年 锌版
12 佩特拉耶夫藏书
79mm x 52mm 1963 年 锌版
13 波克罗夫斯基藏书
81mm x 64mm 1966 年 木刻
14 列别杰夫藏书
75mm x 56mm 1965 年 锌版

DR. ENRIQUE SAEZ
FERNANDEZ
GASARIEGO
LIB
RIS

ИЗ КНИГ
МИХАИЛА
ВЯЗОВИКОВА
ВОЕННЫЕ МЕМУАРЫ

15|16|17|18

15 恩里克·萨兹·费尔南德斯·萨里戈藏书

96mm x 62mm 1974 年 木刻

16 维亚佐维科夫藏书

91mm x 61mm 1974 年 木刻

17 彼得罗夫斯基藏书

84mm x 60mm 1974 年 木刻

18 尤尔丘克藏书

75mm x 45mm 1974 年 木刻

Молибоженко Федор Дмитриевич　费奥多尔·莫利博任科

费奥多尔 · 莫利博任科（1927—1980），全名为莫利博任科 · 费奥多尔 · 德米特里耶维奇（Молибоженко Федор Дмитриевич）。俄罗斯著名版画家、书籍插图艺术家。

费奥多尔 · 莫利博任科于 1927 年 9 月 25 日出生于萨拉托夫州五一城，1959—1965 年就读于哈尔科夫国立设计与艺术学院。他长期在新罗西斯克市生活和工作，主要从事版画、油画、水彩画创作，其中版画创作主要采用木刻版画、麻胶版画及蚀刻铜版画技术。

费奥多尔 · 莫利博任科从 1962 年开始从事藏书票创作。他总是基于藏书票定制者的职业、兴趣、性格以及藏书范围设计作品，其创作对象包括各行各业的人士，如文学作家、艺术家、运动员等，还有亲朋好友。随着创作经验的不断积累，藏书票逐渐成为他的名片，据此可以追溯他一生中与谁交流、与谁成为朋友以及与谁相爱相守。费奥多尔·莫利博任科的作品情趣盎然、形象生动、品味高雅。他凭借简洁灵动的表达方式和对人物的高度概括能力，赢得了专家的高度好评。

除人物外，风景是费奥多尔·莫利博任科创作的一个重要题材。在他的刻刀下，自然景物浅吟低唱，呈现出迷人的自然之美，柔和的线条、银色的色调强调了他热爱的诗人叶赛宁的诗歌的抒情本质。另一个重大题材则是军事，这类题材的作品展现了他所生活的城市新罗西斯克历史上的著名军事人物事迹，充分显示出英雄们的刚毅、果敢以及不畏强暴的大无畏气概。

费奥多尔·莫利博任科一生共创作了约 200 款藏书票。

EXLIBRIS

1 | 2 | 3 | 4

1 阿尔德・斯亨克藏书

100mm x 69mm 1972 年 木口木刻

2 费奥多尔・莫利博任科藏书

66mm x 45mm 1971 年 木口木刻

3 伊拉克利・安德罗尼科夫藏书

106mm x 60mm 1974 年 木口木刻

4 米哈尔科夫藏书

85mm x 52mm 1975 年 木口木刻

EX LIBRIS КАПИТАН ГЕОРГИ ГЕНОВ

EX LIBRIS
СЛИВЕН
ПОКА СВОБОДОЮ ГОРИМ
ПОКА СЕРДЦА ДЛЯ ЧЕСТИ ЖИВЫ
МОЙ ДРУГ ОТЧИЗНЕ ПОСВЯТИМ
ДУШИ ПРЕКРАСНЫЕ ПОРЫВЫ

5 | 7
6 | 8

5 船长格奥尔吉·格诺夫藏书

70mm x 80mm 1978 年 木口木刻

6 约尔达诺夫藏书

78mm x 70mm 1980 年 木口木刻

7 尤里·博加季科夫藏书

93mm x 75mm 1978 年 木口木刻

8 伊格纳托夫藏书

70mm x 59mm 1978 年 木口木刻

Чернов Аполлон Степанович 切尔诺夫

切尔诺夫（1928—2021），全名为切尔诺夫·阿波隆·斯捷潘诺维奇（Чернов Аполлон Степанович）。俄罗斯著名版画家、收藏家，莫斯科藏书票俱乐部主席，军事科学院副教授，莫斯科《藏书票》杂志主编。

切尔诺夫于 1928 年 8 月 21 日出生于坦波夫，1946 年移居莫斯科。1950—1953 年就读于科斯特罗马防化兵高等军事指挥学校，1960—1965 年就读于俄罗斯军事科学院化学防御专业，在此期间开始从事藏书票创作，1963 年成为莫斯科藏书票俱乐部成员，1972 年开始担任该俱乐部秘书，1976 年成为俄罗斯军事科学院副教授，1981 年开始积极从事新闻和出版工作，1986 年担任莫斯科藏书票俱乐部主席，从 1991 年起，担任《藏书票》杂志主编，一生可谓精彩之极。

切尔诺夫一生共创作了 350 多款藏书票，多采用钢笔素描（转化为锌版刻线版）、木刻版画以及蚀刻铜版画技术，作品真实地反映了人类的情感情趣，让人看后不禁激情澎湃。他与弟弟亚历山大为俄罗斯藏书票的发展做出了巨大贡献。他们一人负责藏书票创作，一人负责地方志研究，共同策划并组织了许多大型国内、国际展，此外还收藏了大量的藏书票作品，共 6 万枚左右，为学者进一步研究藏书票历史提供了极其全面、权威有力的素材，极大地提升了俄罗斯藏书票艺术的世界地位。

1 莫斯克维娜藏书

112mm x 84mm 1966 年 锌版

Ex libris
Чернова
Аполлона Степановича

2 | 3

2 切尔诺夫藏书
118mm x 88mm 20 世纪 80 年代 木刻
3 西多罗夫藏书
67mm x 98mm 1972 年 木刻

EX·LIBRIS

ex libris
ЧАС 66
АЛЛЫ МОСКВИНОЙ

4 | 5 | 7 | 8
6

4 祖耶夫藏书

73mm x 54mm 1986 年 木刻

5 祖耶夫藏书

85mm x 55mm 1986 年 锌版

6 阿拉・莫斯克维娜藏书

70mm x 59mm 1966 年 锌版

7 格特曼斯基藏书

89mm x 79mm 1984 年 锌版

8 格特曼斯基藏书

88mm x 60mm 1984 年 锌版

Калашников Анатолий Иванович 卡拉什尼科夫

卡拉什尼科夫（1930—2007），全名为卡拉什尼科夫·阿纳托利·伊万诺维奇（Калашников Анатолий Иванович）。俄罗斯著名版画家、油画家，俄罗斯功勋艺术家。

20 世纪 60 至 80 年代，很多俄罗斯艺术家不仅为复兴俄罗斯藏书票运动奉献了自己的力量，还为推动国际藏书票收藏运动做出了贡献，著名的版画艺术家卡拉什尼科夫就是其中的一位。

卡拉什尼科夫于 1930 年 4 月 5 日生于莫斯科，童年在利哈切夫汽车厂俱乐部学习绘画。1945 年开始师从巴甫洛夫学习麻胶版画技术。1949 年毕业于莫斯科国立高等工艺美术学校（今莫斯科国立工业艺术大学）金属艺术加工专业，师从著名版画家马托林。从 1952 年起开始从事版画创作。

卡拉什尼科夫的第一款藏书票创作于 1964 年，他一生采用木刻技术共完成了 1000 多款藏书票作品。在这一领域，卡拉什尼科夫成功地探索到并确定了自己独有的艺术语言，形成了一种与时代特征相适应的艺术风格。这在他对材料和技术细节的处理上都有所体现，无论是对线条的准确性还是对呈现的空间结构，他都有非常深刻的理解，并能够在纷繁复杂的构图中找到简洁的表现形式。

卡拉什尼科夫早期的优秀作品在题材上几乎都与音乐有关，这与他早期供职于国家音乐出版社和全俄戏剧协会出版社有关。

在随后的创作中他进一步接近了藏书票的“奥秘”：他定义了一个十分相似的主题圈子，找到了令人印象深刻并且可以帮助他实现其创作想法的构图手法和技术手段，主要表现在其刻画的历史文学界名人肖像作品中。他能够巧妙地感受到人的内心世界，发现其人格特质，捕捉其心理特征，并且，他总是选择那些为公众所知晓的、各个领域极具代表性的人物作为刻画对象。

他的藏书票还有一大特征——传播具有民族文化情节的内容，这也是他创作的亮点之处。首先是建筑风景方面的内容。在刻画这类作品时，他专门选择那些具有典型时代特征和时代意义的建筑，同时，他对这些建筑风景的形象进行了心理化的处理。

在他的作品中，常常还会遇到开放性的叙事情节和“故事”。例如，在统一的“俄罗斯邮政史”主题之下，他为不同的定制者创作的藏书票都带有十分明显的叙事风格，充满了雅趣。这些作品充满了 17 至 19 世纪建筑的具体细节。

卡拉什尼科夫对于航空和航天的内容也充满了兴趣，据此创作了一系列精彩的作品，而与此相关的藏书票也是世界各地收藏家所喜爱的主题，这就让他更为世人所知。

卡拉什尼科夫那些带有符号或象征意义的作品也设计得非常有趣，这是因为他在创作此类作品时，在呈现效果和叙事方面对自己做出了严格的限制，同时还在其中增加了与复杂的情节或风景类作品相同的表现力。

他还以智慧、诙谐和轻松幽默的态度创作了许多有关神话故事和民间传说的藏书票。

卡拉什尼科夫的作品在表现手法上也极具个人特色，作品很像是利用金属材料巧妙地模压出来的。此外，每款作品中的花体字设计也具有高超的艺术水准。它们的表现力是通过单独字母的经典设计（其字形是在俄罗斯古老的字体或模拟古老字体的基础上产生的）和画面题字的巧妙安排得以实现的。它们或是动态的，或是结构性的，有时又似乎是以“嵌入”式进入虚幻的三维构图当中，单词、数字与情节结合在一起，构成了不可分割的整体。

在从事创作的同时，他对国际藏书票运动也做出了杰出贡献，且远远超出了单纯的专业活动范畴。为此，他获得了极高的荣誉：英国皇家版画家协会荣誉会员（俄罗斯艺术史上第一位获此殊荣的艺术家）、教皇约翰·保罗二世银质奖章获得者。

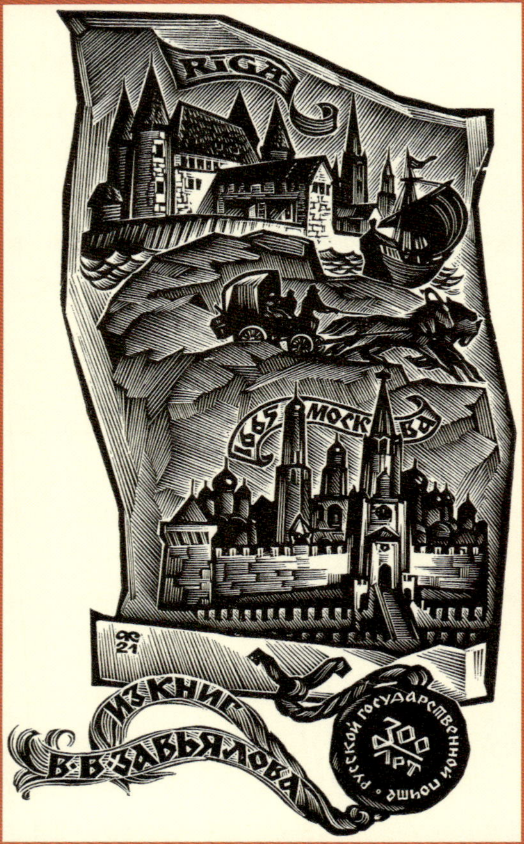
RIGA
МОСКВА
ИЗ КНИГ
В.В.ЗАВЬЯЛОВА
Русской государственной почте
300 ЛЕТ

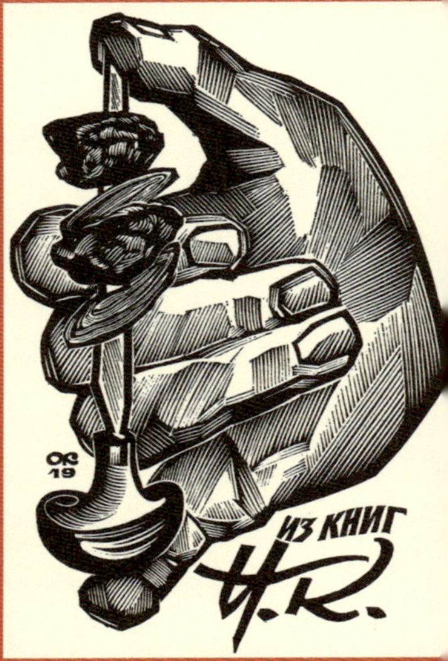
ИЗ КНИГ
Н.К.

EX LIBRIS
N. FELDMAN

1 2 3 4 5

1 扎维亚洛夫藏书

114mm x 65mm 1965 年 木刻

2 卡利塔藏书

71mm x 47mm 1965 年 木刻

3 费尔德曼藏书

57mm x 44mm 1966 年 木刻

4 普苏尔采夫藏书

98mm x 62mm 1965 年 木刻

5 韦德罗夫藏书

93mm x 56mm 1966 年 木刻

EX LIBRIS
А · С · СИДОРОВА
47

300 лет государственной русской почте
ИЗ КНИГ Л·ШАРОВА

6 | 7 | 8 | 9

6 西多罗夫藏书

88mm x 58mm 1966 年 木刻

7 沙罗夫藏书

82mm x 57mm 1965 年 双套色木刻

8 穆欣藏书

102mm x 57mm 1966 年 双套色木刻

9 斯维尔斯基藏书

89mm x 50mm 1968 年 双套色木刻

87
ИЗ КНИГ
ГЕННАДИЯ
РОЖДЕСТВЕНСКОГО

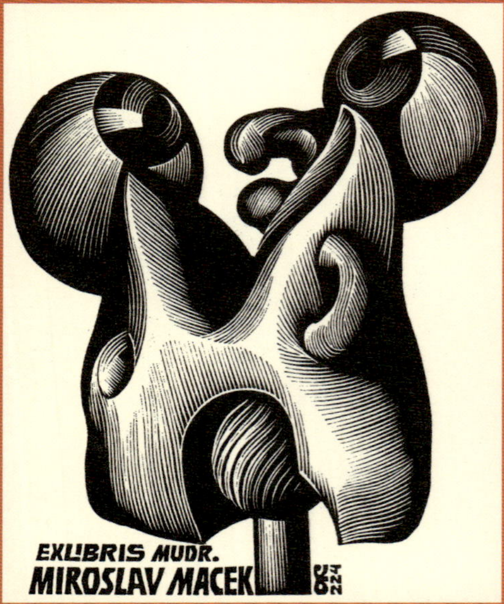
EXLIBRIS MUDR.
MIROSLAV MACEK

10|12
11|13

10 罗日杰斯特文斯基藏书
67mm x 64mm 1967 年 木刻
11 马采克藏书
76mm x 62mm 1972 年 木刻
12 里耶尔藏书
69mm x 77mm 1974 年 木刻
13 阿列克谢耶夫藏书
89mm x 72mm 1967 年 木刻

XII CONGRESSO INTERNAZIONALE DELL'EX LIBRIS COMO
1968
EX LIBRIS
OTTMAR PREMSTALLER
114

EX LIBRIS
93

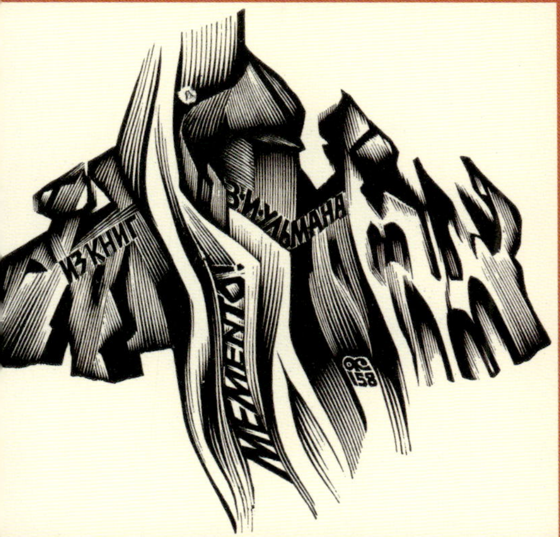

14|16
15|17

14 普列姆斯塔列尔藏书

112mm x 73mm 1968 年 木刻

15 谢梅诺夫藏书

74mm x 67mm 1967 年 双套色木刻

16 卡拉·维戈藏书

84mm x 70mm 1979 年 木刻

17 乌尔曼藏书

72mm x 75mm 1970 年 木刻

DR
EX LIBRIS
STA-
NIS-
ŁAW
SOKÓŁ
80

ИЗ КНИГ И.В. СТРЕЖНЕВА

18|19|20

18 索科尔藏书
93mm x 82mm 1967 年 木刻
19 斯特列什涅夫藏书
91mm x 81mm 1969 年 木刻
20 特鲁赫尼茨基藏书
99mm x 78mm 1968 年 木刻

EX LIBRIS HELMER FOGEDGAARD

EX LIBRIS HE

21|22|23

21 福格德戈尔德藏书
120mm x 87mm 1968 年 套色木刻
22 福格德戈尔德藏书
113mm x 72mm 1968 年 套色木刻
23 凯泽尔藏书
90mm x 86mm 1980 年 套色木刻

ОКС
437
Б.А.
КАЗАНСКИЙ
КАТАЛИТИЧЕСКИЕ
ПРЕВРАЩЕНИЯ
УГЛЕВОДОРОДОВ
EXLIBRIS Е.М. ТЕРЕНТЬЕВОЙ

ИЗ КНИГ
ОКС
449
ЕВГ.

24|25|26|27

24 捷连季耶娃
100mm x 58mm 1977 年 木刻
25 奥谢特罗夫藏书
100mm x 57mm 1977 年 双套色木刻
26 捷列霍夫藏书
96mm x 51mm 1966 年 双套色木刻
27 凯泽尔藏书
93mm x 49mm 1967 年 木刻

Туров Степан Федорович 图罗夫

图罗夫（1930—1983），全名为图罗夫·斯捷潘·费奥多罗维奇（Туров Степан Федорович）。俄罗斯著名版画家。

图罗夫是一位充满热情的，有着抒情风格的版画家。他的创作之路忧伤而短暂，只有短短不到 20 年的时间。1964 年毕业于克拉斯诺亚尔斯克苏里科夫美术专科学校之后，他马上进入独立创作期，很快他的版画作品就引起了人们的关注，在展览上出现了大量形态各异、采用不同技术制作的版画作品。

20 世纪 60 年代，他就已经特别痴迷藏书票的创作了。他的作品多采用麻胶版画技术，多方面地反映了他的创作情趣，特别是他以自己独一无二的视角展示的边疆区的民间传说、风土人情以及体育题材，人物造型柔和细腻、体态优美传神，极富地域特色。在技巧方面，他不停地尝试探索，不仅采用麻胶版画技术创作，还兼顾木刻版画、蚀刻铜版画、金属版雕刻技术以及石版画技术等。他的早期参展作品就已经显示出了其独特的艺术见解和技巧，作品充满了诗意和鲜活感，这些优良品性贯穿他的整个创作生涯。

1 | 2
3 |

1 塔德乌什·古德佐夫斯基藏书

80mm x 48mm 20 世纪 60 年代 麻胶版

2 克柳奇尼科夫藏书

80mm x 67mm 1976 年 麻胶版

3 塔德乌什·古德佐夫斯基藏书

73mm x 33mm 20 世纪 60 年代 麻胶版

EXLIBRIS
Я.М ДОБКИНА

EXLIBRIS
TADEUSZ
UDZ ZOW SKI

EXLIBRIS
Я·Л·БЕЙЛИНСОНА

ИЗ КНИГ

4	5	8	9
6	7	10	

4 亚多布金藏书

72mm x 76mm 1973 年 麻胶版

5 塔德乌什・古德佐夫斯基藏书

53mm x 35mm 20 世纪 60 年代 麻胶版

6 别林松藏书

76mm x 52mm 1976 年 麻胶版

7 阿韦里欣藏书

80mm x 55mm 1968 年 麻胶版

8 波格丹诺维奇藏书

62mm x 52mm 20 世纪 60 年代 麻胶版

9 特鲁什金藏书

90mm x 51mm 1974 年 麻胶版

10 塔德乌什・古德佐夫斯基藏书

75mm x 56mm 20 世纪 60 年代 麻胶版

Бурмагины 布尔马金夫妇

布尔马金夫妇即布尔马金和布尔马金娜夫妇。丈夫布尔马金（1932—1974），全名为布尔马金·尼古拉·瓦西里耶维奇（Бурмагин Николай Васильевич）。俄罗斯著名版画家、藏书票艺术家。妻子布尔马金娜（1939—1984），全名为布尔马金娜·亨里埃塔·尼古拉耶夫娜（Бурмагина Генриетта Николаевна）。俄罗斯著名版画家、藏书票艺术家，俄罗斯功勋艺术家。

位于俄罗斯北方的沃洛格达市有着优良的艺术氛围和传统，在很早以前就是俄罗斯版画家和艺术爱好者云集的地方。该市藏书票艺术的发展也有其独特的历史，以 20 世纪初当地艺术家创作的第一枚藏书票为起点，经过数代艺术家不懈的努力，终于在 20 世纪 60 年代迎来了一个飞速发展的阶段。在此期间，这一领域陆续涌现出不少优秀的艺术家，推动了该地藏书票艺术的持续发展。时至今日，他们当中的很多人已经是俄罗斯艺术界公认的前辈和大师了，布尔马金夫妇就是其中的两位。

夫妻两人都出生于俄罗斯的沃洛格达州，并于 1959 年一同考入雅罗斯拉夫尔美术专科学校，成为同班同学。1962 年，在二人在校期间，他们结为夫妇。1964

年毕业之后，夫妻两人一同来到沃洛格达市。丈夫进入美术学校担任素描教师，妻子则进入杂志社担任美术编辑。同年，他们采用木刻技术开始了书籍装帧、架上版画的创作，也包括藏书票的创作。

在藏书票这一领域，他们进行了很多探索。在藏书票的规格、构图以及花体字设计上两人相互影响。经过漫长而充满争议的试验期之后，他们逐渐探寻到了一种独特而极具个性的风格。他们从乡村传统的木雕纹饰、华美充实的民间版画、古老的圣像和历经千年的壁画中提取精华。丈夫在创作上构思严谨，思路清晰，常因采用高密度的构图，使得他的艺术风格卓尔不群；妻子则擅长使画面节奏协调一致，并对很多艺术形象进行诗意的联想，体现了超凡的想象力。丈夫将艺术创作的重点放在形象的概括性上，妻子则倾向于关注格调的细微变化。夫妻二人珠联璧合，艺术风格的互补和完美结合使得他们的藏书票创作从一开始就表现出强烈的艺术魅力，散发出动人的芬芳。

综观俄罗斯沃洛格达市 20 世纪下半叶的艺术史，布尔马金夫妇汲取了民间传统工艺美术所具有的活力以及以俄罗斯乡村的建筑特点创建了独特的艺术名片。这张名片等同于人们对沃洛格达艺术家的认知，他们夫妇就是沃洛格达这个时期艺术家的代表性人物。

EX
БУРМАГИНЫХ

КНИГА
В. КИРИЧЕНКО

ЛЕВИЧЕВОЙ Т.

В.Д. КОРОЛЕВА

П.А. БЕССОНОВА
EXLIBRIS

1 | 2 | 6 | 7
3 | 4 | 5 | 8

1 布尔马金夫妇藏书
85mm x 73mm 1967 年 木刻
2 基里琴科藏书
62mm x 40mm 1968 年 木刻
3 列维切娃藏书
56mm x 44mm 1968 年 木刻
4 科罗柳克藏书
55mm x 26mm 1968 年 木刻
5 别索诺夫藏书
55mm x 40mm 1969 年 木刻
6 基谢列夫藏书
88mm x 77mm 1970 年 木刻
7 伊利尤什卡藏书
62mm x 30mm 1967 年 木刻
8 艾登松藏书
50mm x 56mm 1966 年 木刻

EX LIBRIS
ВА ГРИГОРЬЕВОЙ

EX LIBRIS
Е.Н. МИНАЕВА

9|11
10|12

9 格里戈里耶娃藏书
71mm x 80mm 1970 年 木刻
10 米纳耶夫藏书
78mm x 78mm 1970 年 木刻
11 克罗托夫藏书
90mm x 81mm 1972 年 木刻
12 维诺格拉多娃藏书
64mm x 73mm 1972 年 木刻

·EX·LIBRIS·
EX·LIBRIS
ВЕДЕНИЕ
EX LIBRIS
·С·Г·ИВЕНСКОГО·

EX LIBRIS
Р.А. СМИРНОВ

EX·LIBRIS
71

EX·LIBRIS
MARK SEVERIN

13|14|17
15|16|18

13 伊温斯基藏书
68mm x 66mm 1972 年 木刻

14 斯米尔诺娃藏书
60mm x 61mm 1974 年 木刻

15 武尔藏书
68mm x 60mm 1971 年 木刻

16 马克·谢韦林藏书
57mm x 58mm 1977 年 木刻

17 阿努什卡藏书
80mm x 68mm 1966 年 木刻

18 塔拉先科娃藏书
52mm x 70mm 1966 年 木刻

ЛИЗОНЬКИ КУЗНЕЦОВОЙ
КНИЖКА

EX-LIBRIS

из книг
Григорьевых Р. и В.

19 | 20 | 22 | 23
21

19 库兹尼佐娃藏书

100mm x 56mm 1978 年 木刻

20 科列斯尼科夫藏书

76mm x 59mm 1972 年 木刻

21 格里戈里耶夫家族藏书

67mm x 68mm 1965 年 木刻

22 莱维藏书

83mm x 51mm 1974 年 木刻

23 莱维夫妇藏书

94mm x 37mm 1975 年 木刻

Ратнер Герман Львович 拉特纳

拉特纳（1933—1996），全名为拉特纳·格尔曼·利沃维奇（Ратнер Герман Львович）。俄罗斯著名版画家、舞台布景师。

拉特纳于 1933 年出生于莫斯科。1957 年毕业于莫斯科建筑学院，在校期间，师从著名艺术大师杰伊涅卡。他的藏书票创作始于 1964 年，在此后 32 年的创作生涯中，共创作了 500 多款藏书票作品。

拉特纳毕业后的前 8 年曾在加里宁（今特维尔）戏剧院担任舞台布景师。其间曾为《科学与生活》和《知识 - 力量》杂志创作插图，进行了短期合作。当他决定把所有精力投入架上版画与藏书票创作后，便毅然决然离开了剧院。1965—1967 年，他在“珊瑚虫”号捕鱼船上当了一名普通的水手，航程遍布南大西洋、非洲沿海一带。之后，他又游历了格陵兰海、挪威海和北极地区。历时三年的海上生活给他留下终生难忘的印象，海洋的浪漫时刻充斥着他的生活，也成了他的创作内容，因此，除了早期充满音乐节奏的建筑风景题材外，在他的创作中又出现了新的题材：带有各类帆船、18—19 世纪的巡航战船以及异国海域情调的海景题材。

在创作技法上，他的第一批藏书票即向世人证明了他是一位创新者、革新家。他拒绝采纳当时流行的、常见的素描式外形轮廓，取而代之的是发挥黑白色块相结合的艺术效果以及运用可塑性极强的剪影与花体字之间强烈的对比形式，这种手法为观众轻松而快速捕捉藏书票主题情节提供了大量的信息。对他来说，藏书票创作不仅是探究展示雕刻艺术的手段，更是他毕生追求的梦想，可以毫不夸张地讲，正是藏书票艺术使他成了一名真正的艺术家。

在创作材料的选择上，拉特纳一生只采用麻胶版画技术创造藏书票，他隐藏了所有过于分散观众注意力的专业技巧痕迹，以不断求索的构图和强烈的黑白对比征服了观众，向那些对麻胶版持有怀疑者证明了麻胶版是一种优质的创作材料，有着其他材料无法替代的、不可比拟的装饰特性。

他的作品都与书籍有着固有的联系，辨识度高、富有原创精神、版画语言表现力强，并且形象简洁、美感十足，为俄罗斯版画发展做出了积极贡献。

E·L
·A·
KEMPA

ИЗ КНИГ Т.С.

1 | 3
2 | 4

1 肯帕藏书

106mm x 91mm 1965 年 麻胶版

2 斯图帕科娃藏书

44mm x 68mm 1966 年 麻胶版

3 普斯卡斯・斯塞德藏书

109mm x 81mm 20 世纪 70 年代 麻胶版

4 弗罗洛夫藏书

45mm x 70mm 1965 年 麻胶版

EX LIBRIS
CECYLII I JANUSZA
DUNINÓW

TALLINN•16•VI•1967
EX•LIBRIS•WISŁAWA
PULLAT-MULTAŃSKA

ИЗ КНИГ
ДАВИДА
ХАЙКИНА

5 6 | 7 | 8 | 9

5 杜尼诺夫夫妇藏书
73mm x 125mm 20 世纪 80 年代 麻胶版

6 维茨拉夫・普拉特–梅尔坦斯克藏书
66mm x 50mm 1967 年 麻胶版

7 达维德・海金藏书
50mm x 61mm 1967 年 麻胶版

8 布林藏书
82mm x 56mm 1966 年 麻胶版

9 吉里・苏库普藏书
96mm x 78mm 20 世纪 70 年代 麻胶版

ИЗ КНИГ Я.А.БАСОВА

СИЯ-
-КНИГА
СУ-
-ПРУ
ГОВ
Т. и Е.
РАСТОР
ГУ-
ВЫХ

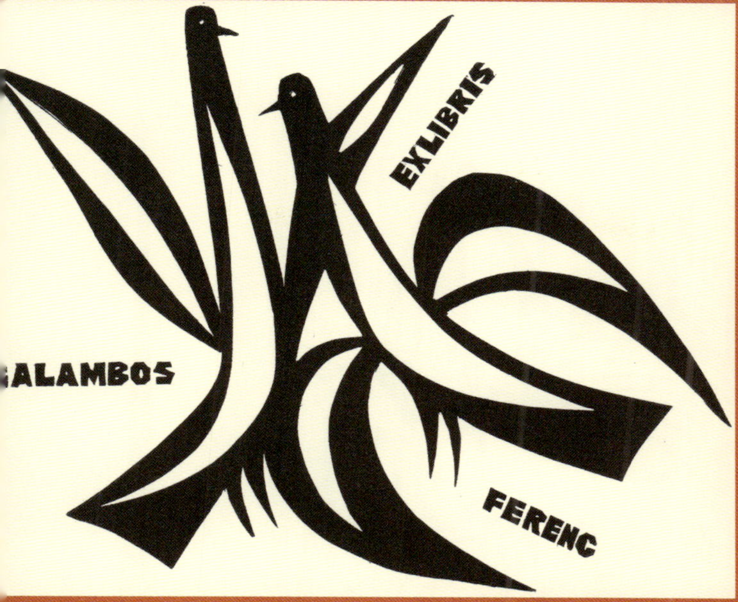

10|12
11|13

10 巴索夫藏书
80mm x 88mm 1967 年 麻胶版
11 拉斯托尔古谢夫夫妇藏书
85mm x 92mm 20 世纪 60 年代 麻胶版
12 加兰博斯·费伦茨藏书
87mm x 107mm 1970 年 麻胶版
13 尤列涅夫藏书
83mm x 78mm 1973 年 麻胶版

EX LIBRIS
GIANNI
MANTERO

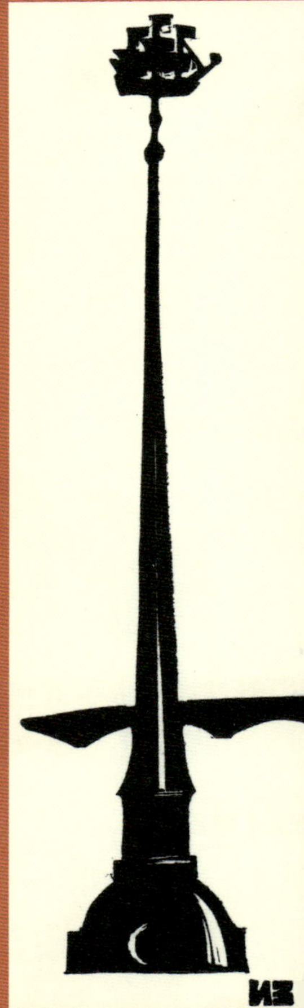
ИЗ

14|15|16

14 贾尼·曼泰罗藏书
121mm x 78mm 1970 年 麻胶版
15 列维茨基藏书
102mm x 67mm 1970 年 麻胶版
16 别伊林松藏书
110mm x 62mm 1970 年 麻胶版

ИЗ КНИГ Ю.А. БОРИСОВА

КАПИ

17|18|19

17 鲍里索夫藏书

120mm x 80mm 1971 年 麻胶版

18 船长巴济金藏书

112mm x 70mm 1970 年 麻胶版

19 伊娃·福兹–莱热藏书

112mm x 75mm 1970 年 麻胶版

LXV
EX LIBRIS Г.КРАВЦОВА

20|21|22

20 克拉夫佐夫藏书

124mm x 60mm 1971 年 麻胶版

21 苏库普藏书

116mm x 65mm 1988 年 麻胶版

22 冈特·赖因多尔夫藏书

111mm x 65mm 20 世纪 80 年代 麻胶版

ИЗ КНИГ
Л.ШИШКОВА

EX
JIŘÍ

23|24|25

23 希什科夫藏书

125mm x 75mm 1971 年 麻胶版

24 吉里 • 苏库普藏书

108mm x 92mm 1988 年 麻胶版

25 奥博连斯卡娅藏书

93mm x 84mm 1972 年 麻胶版

Синилов Евгений Григорьевич 西尼洛夫

西尼洛夫（1933—2002），全名为西尼洛夫·叶夫根尼·格里戈里耶维奇（Синилов Евгений Григорьевич）。俄罗斯著名版画家、书籍装帧设计师、藏书票艺术家。

1933 年 7 月 3 日，西尼洛夫出生在一个有着悠久艺术传统的家庭。在这样的环境熏陶下，他在中小学期间就积极参与学校墙报活动，并担任校园文学丛刊的美术主编。从列宁格勒州普希金市的海军军事学校毕业到 1969 年，他一直担任基干军官，在波罗的海和列宁格勒服役，服役并没有影响他更投入、坚定地从事造型艺术。1964 年他考入了莫斯科印刷学院美术系，师从著名版画家冈察罗夫。而冈察罗夫师从版画大师法沃尔斯基。这种一脉相承的关系，使得法沃尔斯基流派得到了很好的延续。冈察罗夫的创作理念对西尼洛夫的一生产生了巨大的影响。但这一切没有使他中断以前作为海员的职业。相反，大海顽强持久地进入他的生活，成了他创作的重要题材之一，在他的自画像里经常出现穿着喇叭裤、身着海魂衫、头戴水兵帽的水手形象。

1969 年，西尼洛夫搬到了卡梅申市。在这里，他除了在军事学校工作外，还在卡梅申剧院、市美术工作室担任美术师。1973 年，他创建了该市第一所少儿美术学校，同时，还与沃罗涅什州和伏尔加格勒州出版社展开合作。除了创作版画及从事书籍装帧设计外，他还创作水彩画、藏书票作品，这些活动都为西尼洛夫赢得了广泛的声誉。

在 1995 年葡萄牙出版的《全世界当代藏书票百科大全》中，西尼洛夫位居前十。

西尼洛夫藏书票的主要题材与普希金相关联。这些藏书票不仅展示了以不同身份出现、处于不同状态下、置身于各种冲突中的普希金形象，还展示了普希金的作品和作品中的人物形象。该系列共 89 款作品，这些作品形象生动、气韵高雅，具有独特的艺术形象和鲜明的时代特征，充满了哲学思想和个人魅力，成为很多国家的收藏家和书籍爱好者梦寐以求的艺术珍品。

西尼洛夫一生制作了 500 多款藏书票作品。

Exlibris
Vagn Clemmensen

Пушкиниана
Л. ЧУВАШЕВСКОЙ

EXLIBRIS
Г. Голишникова

1 | 2 | 4 | 5
3 | | 6 |

1 克莱门森藏书

83mm x 61mm 1974 年 套色木刻

2 丘瓦舍夫斯卡娅所藏普希金文集

76mm x 58mm 1974 年 木刻

3 戈米什尼科夫藏书

70mm x 68mm 1974 年 木刻

4 克劳斯·罗德尔藏书

76mm x 75mm 1974 年 套色木刻

5 米纳耶夫藏书

71mm x 41mm 1974 年 套色木刻

6 格特曼斯基藏书

51mm x 71mm 1975 年 木刻

Exlibris
В. Некрасова

Ex libris
Г. ПОЛКОВСКОГО

7 | 8 | 9 |10

7 涅克拉索夫藏书
106mm x 60mm 1974 年 双套色木刻

8 波尔科夫斯基藏书
100mm x 63mm 1975 年 双套色木刻

9 菲舍列夫所藏普希金文集
99mm x 60mm 1974 年 双套色木刻

10 别斯科罗瓦伊内家庭藏书
104mm x 54mm 1974 年 木刻

EX LIBRIS
СВЕТЫ
ТРУХНИЦКОЙ
Е74

ИЗ КНИГ
ИГНАТОВА
Г.И.
ВОЕННЫЕ
МЕМУАРЫ

11|12|13|14

11 特鲁赫尼茨基藏书
107mm x 51mm 1974 年 双套色木刻
12 伊格纳托夫所藏军事回忆录
108mm x 47mm 1977 年 木刻

13 伊文斯基藏书
119mm x 36mm 1973 年 双套色木刻
14 丘瓦舍夫斯卡娅藏书
88mm x 40mm 1974 年 木刻

из книг сергея ивановича зинина

EX
о ярославе гашеке и швейке

15|16|17

15 济宁藏书
97mm x 67mm 1977 年 木刻

16 特鲁赫尼茨基藏书
91mm x 63mm 1974 年 木刻

17 维亚佐里科夫藏书
86mm x 86mm 1980 年 套色木刻

Бодэ Леонард Валентинович 博代

博代（1936—2011），全名为博代·列昂纳德·瓦连京诺维奇（Бодэ Леонард Валентинович）。俄罗斯著名版画家、书籍装帧设计师、书籍插图艺术家。

博代于1936年5月5日出生于莫斯科，1960年毕业于莫斯科波将金师范学院版画系，后在军队服役七年，此后便投身版画、油画创作及书籍和杂志的装帧设计工作，并取得了卓越成就。

自1964年以来，他开始采用塑料版、有机玻璃和木刻版画技术进行创作，一生完成了47款藏书票作品。对于每一件作品，他都严格要求自己对藏书票所有者的职业和爱好进行深入研究。他的作品以笔触纯正、技艺高超、布局巧妙、场景清晰而著称，更以深刻的思想性、构图的独创性和技巧的多样性吸引着无数的观众。作品组织的每个元素都与内容密切相关。他的藏书票采用了小中见大的、一种广义形式的宣传画解决方案，在大师云集的藏书票领域独具匠心，为自己赢得了一席之地。

1/2

1 米纳耶娃藏书

45mm x 97mm 1966 年 木口木刻

2 伊万诺娃藏书

91mm x 55mm 1969 年 木刻

ИЗ КНИГ
Юрия Гельперина

EX LIBRIS В.ШЕМАНСКОГО

EX LIBRIS

EXLIBRIS
ПОБЕДИНА

3 | 4 | 7 | 8
5 | 6

3 格尔佩林藏书

95mm x 58mm 1967 年 木口木刻

4 舍曼斯基藏书

68mm x 62mm 1971 年 木口木刻

5 博代藏书

48mm x 45mm 1965 年 木口木刻

6 波别金藏书

65mm x 39mm 1967 年 木口木刻

7 楚拉诺夫藏书

110mm x 29mm 1970 年 木口木刻

8 米尔曼藏书

53mm x 22mm 1968 年 木口木刻

546
Dr.
Е.В.КВЯТКОВСКОГО

из
книг
Алексеева
549

И.В.СТРЕЖНЕВА

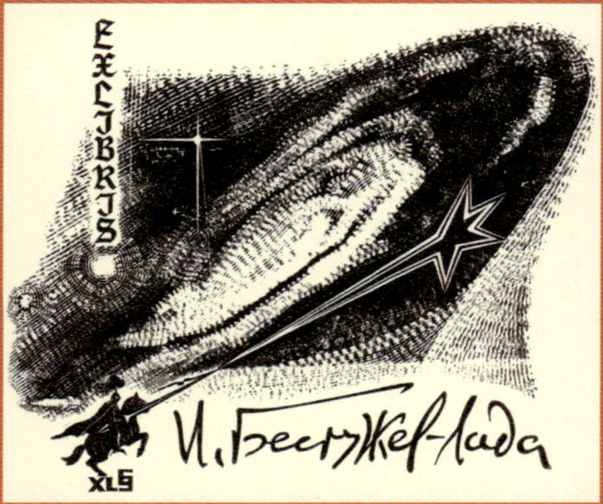
EXLIBRIS
И. Бестужев-Лада

9 | 10
11 | 12

9 克维亚特科夫斯基藏书
95mm x 54mm 1971 年 木口木刻
10 阿列克谢家族藏书
92mm x 58mm 1973 年 木口木刻
11 斯特列日涅夫藏书
51mm x 41mm 1968 年 木口木刻
12 别斯图热夫–拉达藏书
48mm x 58mm 1969 年 木口木刻

Верхоланцев Михаил Михайлович 韦尔霍兰采夫

韦尔霍兰采夫（1937—　），全名为韦尔霍兰采夫·米哈伊尔·米哈伊洛维奇（Верхоланцев Михаил Михайлович）。俄罗斯著名版画家，俄罗斯功勋艺术家，俄罗斯艺术科学院院士。

韦尔霍兰采夫于 1937 年 4 月 25 日出生于莫斯科。1961 年毕业于莫斯科国立高等工艺美术学校（今莫斯科国立工业艺术大学）。1966—1990 年，他在真理报社、苏联作家出版社、儿童文学出版社、科学出版社、教育出版社、彩虹出版社、青年近卫军出版社等担任美术设计师和插图艺术家，共参与了 1000 余本专辑、杂志的出版发行工作。他主要从事架上版画、书籍插图、油画及藏书票创作。

韦尔霍兰采夫在其创作生涯之初，就显示出了独特的个性。他没有顺承 20 世纪 60 年代在画坛占主导地位的严峻风格和法沃尔斯基流派，而是一直坚持不懈地寻找自我风格。

他的藏书票创作始于 1959 年。在雕刻技巧方面，他有目的地研究矫饰主义在处理物体轮廓时的线性图形特征以及蛇形人物的造型原理。同时，他的创作也显示出他对 16 世纪德国版画家们和俄罗斯著名艺术家马休京的迷恋。韦尔霍兰采夫反对理性对绘画的指导作用，强调艺术家的内心体验与个人表现。其作品刻画精细，表现效果华丽，采用拉长压瘦的形式、夸张扭曲的风格以及不平衡的姿势来描绘人类和动物，展现出非理性的情感和充满乐感的艺术空间，并达到戏剧化而强有力的画面效果。

韦尔霍兰采夫的作品题材多为古希腊罗马神话、《圣经》故事。通过这些题材，韦尔霍兰采夫表达了对美的热情与渴望。他的作品隐含着一种庄严与静穆，其中蕴含的宏大性与纪念性常常使观者觉得这类作品更接近架上版画。

他的作品在构思上有着丰富的想象力和充沛的情感，作品中满含寓意的场景彰显着藏书票拥有者的鲜明个性和不凡品味，完美组合了图像和文字的整体设计与引人注目的高超木刻技艺使他的藏书票成为精美的艺术佳作。他的藏书票是 20 世纪六七十年代俄罗斯藏书票复兴阶段的重要代表成就。

截至目前，韦尔霍兰采夫共创作了约 200 款藏书票。

ex
libris
evgenei
coracis

1 | 2

1 叶夫根尼藏书

114mm x 99mm 1982 年 木口木刻

2 尼佐夫斯基藏书

97mm x 96mm 1978 年 木口木刻

EX LIBRIS
BENOIT
JUNOD
MM

3 | 4

3 贝努瓦・朱诺德藏书
140mm x 123mm 2000 年 木刻
4 赫尔诺特・布鲁姆藏书
119mm x 99mm 2003 年 木口木刻

EX LIBRIS
VLADIMIR
LITCHENKO
MMII

5 | 6

5 弗拉基米尔・利特琴科藏书
155mm x 116mm 2002 年 木刻
6 艾米尔・孔泽藏书
100mm x 80mm 2003 年 木口木刻

EX LIBRIS
ALEX
KLEVITSKY

7 | 8

7 阿列克谢 • 克列维茨基藏书

100mm x 98mm 2007 年 双套色木口木刻

8 维塔利 • 格沃尔基扬藏书

102mm x 99mm 2009 年 双套色木口木刻

ex libris
Ivan
Shilov

9 |10

9 伊万·希洛夫藏书

166mm x 167mm 2020 年 套色木口木刻

10 叶连娜·罗金斯基藏书

117mm x 165mm 2022 年 套色木口木刻

Ex
libris
Andrey Shilov

11|12

11 安德烈 • 希洛夫藏书
149mm x 93mm 2021 年 双套色木口木刻
12 鲍里斯 • 希洛夫藏书
120mm x 88mm 2013 年 木口木刻

Куров Валерий Павлович　库罗夫

库罗夫（1939—　），全名为库罗夫·瓦列里·帕夫洛维奇（Куров Валерий Павлович）。俄罗斯著名版画家、水彩画家、骨雕大师、藏书票艺术家。

库罗夫于 1939 年 10 月 23 日出生于莫斯科州埃列克特罗乌格利市，1971 年毕业于莫斯科国立高等工艺美术学校（今莫斯科国立工业艺术大学）。他的作品将技术性能的复杂性、艺术品味的一致性高度融合，充满了隐喻色彩，通常以某种方式搭配寓言，具有多层含义，反映藏书票所有者的个性特征、藏书内容的丰富性或书籍爱好者的精神追求。

在 20 世纪六七十年代的自印石版画藏书票创作中，库罗夫不断探索并改进了藏书票的制作方法，常常利用不同纸质媒介本身的特殊效果和笔触的疏密，寻求点与面的和谐搭配，通过使用花卉装饰或引入动物图案，再配以自己设计的字形来活跃和加深比喻内容。其中构图的完整性、格调的抒情性、印制工艺的高要求，处处彰显着他对藏书票作为设计标志的本质的诠释，同样重要的是，所有这些都是为真正的藏书所创建的。

20 世纪 70 年代末，特别是进入 80 年代，长期跨领域、跨专业的创作使库罗夫意识到，可以将水彩画和骨雕技术以及现代设计元素、艺术理念带入藏书票创作，应用在配有优雅装饰风格的蚀刻铜版画作品的创作上，为作品注入新的魅力和气息。

他的不同技术类别的作品在题材上也新颖多样，包括动物题材、自然及建筑景观题材、少数民族风情题材以及纯装饰性作品。他的想象力层出不穷，画面中奇幻的动物、鸟类、花卉、怪物都非比寻常，让观众应接不暇。

库罗夫采用蚀刻铜版画、麻胶版画、木刻版画、锌版以及自印石版画技术，至今制作了 300 多款藏书票。

EX·LIBRIS
АНАТОЛИЯ · МАЙСТРЕНКО

·EX·LIBRIS·
НИКОЛАЯ
ТУРЧЕНКОВА

EX·LIBRIS
ВК
Л. и Ю.
ЗОЛКИНЫХ

EX·LIBRIS
W.IKI

1 | 2 | 5
3 | 4 | 6 | 7

1 阿纳托利 • 马伊斯特连科藏书
71mm x 55mm 1969 年 锌版

2 尼古拉 • 图尔琴科夫藏书
61mm x 38mm 1972 年 锌版

3 佐尔金家族藏书
46mm x 50mm 1969 年 锌版

4 维卡 • 沃洛金娜藏书
54mm x 45mm 1969 年 锌版

5 利利娅和马克 • 奥尔洛夫斯基夫妇藏书
46mm x 74mm 1985 年 木刻

6 阿纳托利 • 卡恩藏书
67mm x 45mm 1984 年 木刻

7 兹韦列夫藏书
68mm x 38mm 1986 年 锌版

eX·LIBRIS
ALM

·евгения·

8 | 9 |10

8 杰缅季耶娃藏书

110mm x 78mm 1979 年 铜版

9 叶夫根尼 • 斯米尔诺夫藏书

97mm x 70mm 1979 年 铜版

10 扎鲁宾家族藏书

73mm x 81mm 1986 年 铜版

243
ex·libris
jiři·soukup

230

11 | 12 | 13
14

11 吉里·苏库普藏书
110mm x 82mm 1983 年 铜版
12 科兹明藏书
106mm x 62mm 1982 年 铜版
13 沃尔奇克藏书
44mm x 70mm 1983 年 铜版
14 切尔诺夫藏书
62mm x 62mm 1988 年 铜版

Марьин Владимир Алексеевич 马林

马林（1941—2015），全名为马林·弗拉基米尔·阿列克谢耶维奇（Марьин Владимир Алексеевич）。俄罗斯著名版画家、藏书票艺术家、新闻撰稿人、图书鉴赏家。

马林于 1941 年出生于基洛夫州的黑霍卢尼察小镇，20 世纪 50 年代就读于科多洛夫美术学校。从 1960 年起，移居西伯利亚的托木斯克市，曾担任美工设计师、托木斯克市电台台长、基洛夫州《红旗》杂志副主编等职务。

作为著名版画艺术家，马林的才华在 20 世纪 70 至 80 年代得到了充分发挥，特别是在小型版画——藏书票领域。马林藏书票创作的原则主要是简洁主义。解决方案的简洁性和线条的清晰性，再加之字体的多样性和优雅性，使他的藏书票作品构图完整而富有表现力。这位艺术家采用四种版画技术创作：塑料版、锌版、麻胶版及铜版。后来，他又完美地掌握了拱花压印技术，这项技术为他提供了更多的自我表达的机会。

其藏书票题材主题多种多样：太空题材、战争题材、建筑景观题材，以及大量的肖像题材。

特别值得一提的是，凭借精湛的素描功底，马林不仅巧妙地传达了与人物外表相似的形象，更知晓如何渗透到人物的精神世界。令人惊奇的是，所有的肖像类藏书票没有相互模仿的痕迹，每件肖像作品都具有独特性、原创性。

由于马林在西伯利亚最古老的文化和社会生活中心——托木斯克居住了多年，这里的一切在他的作品中留下了深深的烙印。在这座城市固有的建筑多样性中，充满魅力的原始民俗建筑丰富了其创作题材。

马林处于西伯利亚地区藏书票创作的显著地位，同时，他属于俄罗斯藏书票艺术史中杰出的代表人物之一。

俄罗斯著名艺术史学家别尔季切夫斯基曾这样评论道："弗拉基米尔·马林待人态度真诚、坦率，并充满善意——这也是他本人以及他作品的主要品质。首先，每一枚藏书票都广泛地勾起了每一位持有人——痴迷文人的兴趣、愿望以及内在的渴望。可以毫不犹豫地断言：马林贡献的绝大多数藏书票，具有狙击手一般的准确性，直接射入了藏书界人士的法眼。俄罗斯文学与世界文学的永恒形象在藏书票艺术中是很常见的主题，但是寻找新的创作空间，以及选用图像解决方案是只有大师级人物才能解决的任务。这些大师会竭尽所能，去感知奥秘中的奥秘，去穿透伟大文学创作者的中心思想，无疑，马林的作品就具备这些。"

马林一生共创作了 300 多款藏书票。

НЕСЕБЪР ЦЪРКВАТА СВ. ЙОАН КРЪСТИТЕЛ
EL
ИВАН Т. ПАПУКЧИЕВ

Из пушкинианы
В·М·Русакова

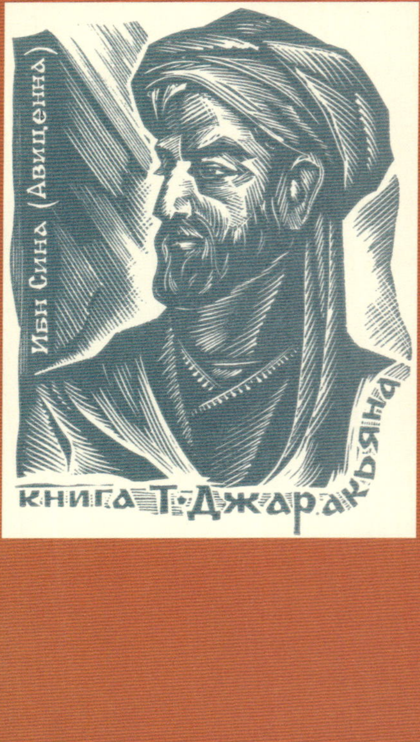
Ибн Сина (Авиценна)
книга Т·Джаракьяна

EX LIBRIS
В·М·ВОЛОВИЧА

1 | 2 | 5 | 6
3 | 4 | 7 | 8

1 伊万·帕普克奇耶夫藏书
56mm x 68mm 1974 年 塑料版
2 鲁萨科夫藏书
56mm x 34mm 1978 年 塑料版
3 贾拉克扬藏书
72mm x 53mm 1982 年 塑料版
4 沃洛维奇藏书
61mm x 35mm 1986 年 双套色锌版

5 伊格纳托夫藏书
42mm x 54mm 1974 年 塑料版
6 弗托鲁申藏书
33mm x 48mm 1971 年 锌版
7 特鲁别茨基藏书
35mm x 54mm 1979 年 套色锌版
8 阿夫久科夫藏书
48mm x 35mm 1981 年 拱花

М.РИД
КУПЕР
ЕСЕНИН
ГОГОЛЬ
ТОЛСТОЙ
АПУЛЕЙ
ПЛУТАРХ
ЭСХИЛ
ВЕРГИЛИЙ
МОНТЕНЬ
ГОРЬКИЙ
ЛЕНИН
ЧЕХОВ
ПУШКИН
БАЙРОН
ВАЗАРИ
ШЕКСПИР
ТОМЕР
ДАНТЕ
EX LIBRIS
Г.И.СЫЧЕВА

ТОМСК
Б.Р.БЕРЕЖКОВА
EX LIBRIS

Не множеством картин старинных
Украсить я всегда желал свою
Чтоб суеверно им дивился по
Внимая важному сужденью
В простом углу моем, сре
Одной картины я желал
Одной: чтоб на меня с хо
Пречистая и наш божес
Она с величием, он с ра
Взирали, кроткие, во сла
Одни, без ангелов, под п
Исполнились мои желания. Творец
Тебя мне ниспослал, тебя, моя Мадонна,
Чистейшей прелести чистейший образец.
ИЗ КНИГ
А.КУЗНЕЦОВОЙ

EX·LIBRIS
ЕЛЕНЫ СЕРГЕЕВОЙ

9	10	13	14
11	12	15	16

9 瑟乔夫藏书
48mm x 64mm 1974 年 锌版

10 别列日科夫藏书
43mm x 41mm 1984 年 锌版

11 库兹涅佐娃藏书
51mm x 56mm 1984 年 套色锌版

12 叶连娜・谢尔盖耶娃藏书
47mm x 52mm 1981 年 锌版

13 库里斯藏书
54mm x 62mm 1981 年 塑料版

14 古多维奇藏书
51mm x 33mm 1981 年 锌版

15 纳扎尔金藏书
50mm x 35mm 1986 年 套色锌版

16 亚库舍娃藏书
41mm x 35mm 1985 年 锌版

EX LIBRIS
РИФЕЙ
СВЕРДЛОВСК-
ТОМСК
22 АВГУСТА 1988 г.
С. АНИКИНА

Gaudeamus igitur,
juvenes dum sumus!
УНИВЕРСИТЕТ
EX LIBRIS Г. Е. ЮРОВА

EX LIBRIS
TOMSK
LX
Magister Wassili Lobanow

В. Суриков
КНИГА
МАРЬИНА

17 | 18 | 21 | 22
19 | 20

17 阿尼金藏书
82mm x 45mm 1988 年 双套色锌版
18 尤罗夫藏书
67mm x 40mm 1988 年 锌版
19 法官瓦西里·洛巴诺夫藏书
59mm x 43mm 1985 年 塑料版

20 马林藏书
70mm x 40mm 1986 年 双套色锌版
21 卡赞采娃藏书
57mm x 57mm 1985 年 双套色锌版
22 C.K. 藏书
52mm x 44mm 1986 年 塑料版

Паштов Герман Суфадинович 帕什托夫

帕什托夫（1941—　），全名为帕什托夫·格尔曼·苏法吉诺维奇（Паштов Герман Суфадинович）。俄罗斯著名版画家、书籍装帧设计师、美术教育家，俄罗斯人民艺术家，俄罗斯艺术科学院院士。

帕什托夫于 1941 年 11 月 9 日出生于巴尔达 - 巴尔卡尔自治共和国。1957—1963 年就读于格列科夫美术专科学校（位于顿河畔的罗斯托夫市），1968—1974 年就读于乌克兰伊万 • 费奥多罗夫印刷学院。1989 年起，执教于克拉斯诺言亚尔斯克国立美术学院（今西伯利亚艺术学院）。1998 年创建克拉斯诺言亚尔斯克版画流派，成为克拉斯诺言亚尔斯克版画创作基地的创始人及领导者。从 1999 年起，主持俄罗斯艺术科学院乌拉尔、西伯利亚、远东分院版画教研室工作至今。

对书籍艺术的特殊热爱唤起了他对藏书票的创作热情。他继承和发展了俄罗斯传统的版画艺术，创造了许多精美绝伦、特色鲜明的书籍插图作品和架上版画作品，这些作品与哥萨克民间传说、音乐主题插图以及文学作品紧密相连，在艺术爱好者、专业人士及社会上引起了巨大的反响，取得了巨大的成功。作品内容不仅恰如其分地反映了主人的性格爱好，还把书籍主人的形象也清晰地勾勒了出来。另外，特殊的字形解决方案、巧妙的装饰物以及中心图案的选择，很容易把观众带进美丽的山区，让人身临其境地体会神秘的风土人情。

截至目前，帕什托夫共创作了约 100 款藏书票。

1 | 2

1 汉娜·帕什托娃藏书

88mm x 43mm 1975 年 双套色木口木刻

2 阿尤布·舍布祖霍夫藏书

92mm x 47mm 1975 年 双套色木口木刻

EX LIB RIS
АЛИМ Й ТХЫЛЪ
КIЫЩОКЪУЭР МЭУСЭ

СЕМЕН
ИВЕНСКЭ

EXLIBRIS
АЛИМА
КЕШОКОВА

EX·LIBRIS
З·БЛАГИХ

3 | 4 | 7 | 8
5 | 6 | | 9

3 阿利姆·克绍科夫藏书
62mm x 78mm 1968 年 木口木刻
4 谢苗·伊文斯基藏书
48mm x 38mm 1975 年 双套色木口木刻
5 阿利姆·克绍科夫藏书
76mm x 46mm 1974 年 木口木刻
6 布拉吉赫藏书
74mm x 49mm 2003 年 木口木刻

7 埃尔贝德·马利巴霍夫藏书
70mm x 46mm 1969 年 木口木刻
8 贾布赖尔·豪普藏书
49mm x 61mm 1974 年 木口木刻
9 尤里·捷米尔卡诺夫藏书
50mm x 69mm 1974 年 木口木刻

Щетнев Леонид Николаевич 谢特涅夫

谢特涅夫（1942— ），全名为谢特涅夫·列昂尼德·尼古拉耶维奇（Щетнев Леонид Николаевич）。俄罗斯著名版画家、藏书票艺术家。

俄罗斯沃洛格达版画流派继承人谢特涅夫于 1942 年 9 月 1 日出生于沃洛格达州的索科尔。从雅罗斯拉夫尔学院毕业后，谢特涅夫回到沃洛格达，师从布尔马金夫妇。然而，年轻的谢特涅夫并没有就此不前，为了进一步提升自己的技艺，他又考入科斯特罗马师范学院版画专业，1981 年以优异的成绩毕业，毕业作品所涉及的题材也是藏书票。

谢特涅夫的藏书票创作始于 1967 年，也是从这一年起，他开始参加国内外的展览。最初他采用麻胶版进行创作，但很快转到采用塑料版进行创作，并一直延续至今。

谢特涅夫早期的作品在引起观众极大反响的同时，也得到了业内人士的高度关注。20 世纪 60 年代苏联藏书票运动发起人之一、著名的藏书票艺术家伊文斯基 1972 年对他做了如下精彩的评价：“在谢特涅夫最好的藏书票作品中，总是充满着诚意与柔情，他们的抒情性质很好地解决了藏书票所承担的任务：将书籍‘人格化’。在这里，我想提醒大家认真观察谢特涅夫作品中的敏锐度，例如：在需要解决画面特征与花体字母图案之间关系的那些特殊时刻，要知道，能够很好地解决这个任务的人寥寥无几，包括那些所谓的熟练雕刻艺术家。此外，艺术家还将色彩带入了藏书票世界，以书籍实用装饰的形式完成了构图设计。年轻的雕刻艺术家对创作的认真态度深深地触动着参观者，在艺术家的作品中，没有作者对外部装饰效果的纯粹追求，而是洋溢着对传达作品内在内容的强烈渴望，这就是当代著名的藏书票大师作品的典型特征。”这一评价不仅准确说明了谢特涅夫已经取得的成就，也印证了他之后的创作之路的辉煌。

沃洛格达是俄罗斯的历史文化名城，保存有大量的传统木制建筑和石质遗迹。从少年时代起，谢特涅夫就深深爱上了这里独特的美景。随着自己创作的深入，他把目光转向这里，开始创作以故乡古老建筑为题材的一系列作品。从他的作品中，人们可以感受到他对俄罗斯北方著名古迹的缔造者及其精神高度的深深敬畏。他还有一个系列极其著名，那就是以沃洛格达传统的花边纺织品的花纹与图案为素材创作的藏书票。这个系列可以说是谢特涅夫最有别于其他藏书票艺术家的系列，作品雕工精细，花样繁多，花虫鸟兽、传说童话无不入画，这是他最具个人特色的题材。此外还有依据神话故事、《圣经》故事、民间传说、乡村趣闻，甚至根据故乡的乡村诗人的诗歌创作的系列。所有的作品都带有轻松的幽默，表达出对美好田园生活的向往。通过他的作品，我们还可以看出，在题材上，他从不限定自己的创作范围和风格。但他有自己的喜好，他喜欢真实的事物，甚至在很多人看来略显保守。他喜欢把画面修饰得很漂亮，对某些主题具有倾向性——故乡以及与故乡有关的一切。如果单从季节来说，他更喜欢描绘冬天，因为它更具版画形象——谢特涅夫坦承他最喜欢在自己的作品中描绘沃洛格达的冬季，对南方人就那样度过没有寒冷、没有白雪的冬季而感到不可思议。其次是春季，因为春天是色彩的盛宴，可以利用音乐或绘画来传达对春天的感受，尽管刻画起来难度较大。

谢特涅夫至今创作了 480 余款藏书票作品。

EX LIBRIS
ИЛЬИ ГИНДИНА

ИЗ КНИГ С·СИЗЕМСКОГО
72
ЛШ

ИЗ КНИГ
М. ТРУХНИЦКОГ

1 | 2 | 5
3 | 4 | 6

1 伊利亚·金丁藏书

80mm x 78mm 1996 年 塑料版

2 谢特涅夫所藏俄罗斯艺术类书籍

64mm x 35mm 1983 年 套色塑料版

3 西泽姆斯基藏书

37mm x 57mm 1072 年 双套色塑料版

4 特鲁赫尼茨基藏书

36mm x 62mm 1970 年 塑料版

5 弗莱门藏书

73mm x 86mm 1999 年 塑料版

6 乔瑟普·桑格萨藏书

50mm x 68mm 2001 年 塑料版

EXLIBRIS DR·H·D·KÖHLER
349

7 | 8

7 H.D. 科勒医生藏书
73mm x 100mm 2001 年 塑料版
8 米哈伊尔・苏罗夫藏书
73mm x 100mm 2008 年 塑料版

Ex Libris Klaus Rödel
367

Ex Libris
398

В этой деревне огни не погашены
Ты мне тоску не пророчь
Н.Рубцов
Из книг Михаила Сурова
446

9 |10|12
11| |

9 克劳斯·罗德尔藏书
84mm x 60mm 2001 年 塑料版
10 阿尼娅·库捷娃藏书
74mm x 56mm 2003 年 塑料版
11 米哈伊尔·苏罗夫藏书
57mm x 68mm 2008 年 塑料版
12 H.D. 科勒医生藏书
95mm x 79mm 2001 年 塑料版

EX LIBRIS
ARTURO ZAFRA

из книг Михаила и Ричарда
Суровых

13|15
14|16

13 阿图罗・赛拉藏书

72mm x 95mm 2005 年 塑料版

14 苏罗夫夫妇藏书

50mm x 67mm 2008 年 塑料版

15 米亚姆林藏书

50mm x 83mm 1998 年 塑料版

16 谢尔盖・亚历山德罗维奇・库列夫藏书

65mm x 53mm 2005 年 塑料版

ExLibris
Надежды Сосновской
497

ExLibris
Инги Чурбановой

17|19
18|20

17 娜杰日达·索斯诺夫斯卡娅藏书

88mm x 74mm 2020 年 塑料版

18 丘尔巴诺娃藏书

61mm x 51mm 2014 年 塑料版

19 弗拉基米尔·乌特金藏书

72mm x 65mm 2015 年 塑料版

20 比格尔·沃尔德马尔藏书

82mm x 54mm 2012 年 塑料版

ex libris

306

21|22|23|24

21 普什尼科娃藏书
117mm x 83mm 2017 年 双套色塑料版
22 尼古拉耶娃藏书
46mm x 27mm 1998 年 双套色塑料版

23 科克舍涅娃藏书
104mm x 59mm 2016 年 套色塑料版
24 弗拉基米尔・瓦西里耶维奇・乌特金藏书
88mm x 56mm 2016 年 套色塑料版

Кофанов Николай Ильич　科法诺夫

科法诺夫（1943—1998），全名为科法诺夫·尼古拉·伊里奇（Кофанов Николай Ильич）。俄罗斯著名版画家、书籍插图艺术家、藏书票艺术家。

科法诺夫于 1943 年 5 月 22 日出生于俄罗斯下诺夫哥罗德州的奥塞特罗沃村。1959—1961 年就读于高尔基美术专科学校油画系，1965—1970 年就读于列宁格勒国立大学语言系，1985—1990 年任教于列宾美术学院版画系。他采用木刻版画、蚀刻铜版画、石版画、丝网版画、麻胶版画技术，创作了大量的架上版画及书籍插图，并装帧设计了约 40 本书籍。同时，他还从事文学创作活动，撰写短篇小说、长篇小说以及艺术评论与文学研究著作。

科法诺夫在藏书票方面的成就代表了 20 世纪 60 至 80 年代圣彼得堡藏书票艺

术的整体水平。他的作品题材广泛而新颖，富有时代气息，包括太空、历史、军事和城市景观等。

在科法诺夫的创作中，有关普希金系列藏书题材的作品占据了显著地位，涵盖了多种多样的内容，涉及普希金文学作品的主人公和场景、普希金生活过的地方、研究普希金的专著与学者，还包括普希金本人及其挚友、伴侣的肖像。所有这些涉及普希金的作品都有一个共同的指向，即俄罗斯现代文学所蕴含的精华都是普希金传统的延续。

科法诺夫的藏书票以易于理解的图形语言而著称，具有浓厚的书卷气，并由雕刻师沉稳、恰到好处的雕刻手法制作而成。科法诺夫的套色和拱花类作品创作都取得了成功，达到了很高的专业水平。他的藏书票赢得了国内外书籍爱好者的一致好评，不断在俄罗斯国内外最具代表性的展览中展出。

科法诺夫一生创作了约 300 款藏书票作品。

ИЗ КНИГ
В·С·Н·

ЛЮБЛЮ ТЕБЯ, ПЕТРА ТВОРЕНЬЕ!
ИЗ КНИГ
ТРУХНИЦКОГО
М.В.
NK
74

1 | 3
2 | 4

1 B.C.H. 藏书
91mm x 78mm 1974 年 双套色麻胶版
2 特鲁赫尼茨基藏书
51mm x 72mm 1974 年 双套色麻胶版
3 普希金文学博物馆藏书
58mm x 76mm 1980 年 双套色麻胶版
4 特罗菲莫娃藏书
51mm x 68mm 1974 年 麻胶版

EX LIBRIS
М. ТРУХНИЦКОГО

ИЗ КНИГ С·И·ЗИНИНА
БЛИЗ ВОД, СИЯВШИХ В ТИШИНЕ
ЯВЛЯТЬСЯ МУЗА СТАЛА МНЕ!

ИЗ КНИГ Н.КОФАНОВА

Л.И.ПОЛЕЖАЙ
EX LIBRIS
В ПАМЯТЬ
О ВОЕННОМ
ЛЕНИНГРАДЕ
1941–1944

5 | 6 | 9
7 | 8 | 10

5 特鲁赫尼茨基藏书

85mm x 60mm 1974 年 麻胶版

6 济宁藏书

84mm x 58mm 1980 年 麻胶版

7 科法诺夫藏书

65mm x 49mm 1980 年 麻胶版

8 波列扎伊藏书

68mm x 52mm 1980 年 麻胶版

9 克拉伊藏书

77mm x 80mm 1980 年 麻胶版

10 费奥多尔・阿布拉莫夫藏书

72mm x 53mm 1980 年 麻胶版

Яхнин Олег Юрьевич 奥列格·亚赫宁

奥列格·亚赫宁（1945—　），全名为亚赫宁·奥列格·尤里耶维奇（Яхнин Олег Юрьевич）。俄罗斯著名版画家，俄罗斯功勋艺术家。

奥列格·亚赫宁于 1945 年 6 月 20 日出生于俄罗斯滨海边疆区列索扎沃茨克市。1966 年毕业于符拉迪沃斯托克艺术学校。1972 年毕业于列宾美术学院。主要从事架上版画及书籍版画的创作。

奥列格·亚赫宁的作品在题材、内容乃至形式上都是多样化的。初见时这些画作给人的印象通常是抽象的，但越经过持久观察，人们就越会注意到作品中诸多意味深长的细节。

他大多数画作的题材与古希腊罗马神话中的情节、神话般的斯拉夫生物以及古代俄罗斯有关。这些采用嵌合体的方式描绘甚至组合出的生物神奇而有趣，它们有着形形色色的组成部分，如头、手、腿、尾巴等，甚至可以说是变形夸张、怪诞惊悚的。这些创作中充斥着奇思妙想，时常打破人们固有的逻辑思维方式，对观者造成强烈的视觉冲击，震撼其心灵。不同年龄、职业和观点的人都能在这位艺术家的作品中找到与自己的灵魂产生碰撞的东西，透过他们自己生活的棱镜来观察并解读它们。从这种角度来看，与其说奥列格·亚赫宁是一位想象力丰富的艺术家，不如说他是一位有着深刻哲思的艺术家。

奥列格·亚赫宁至今创作了 70 多款藏书票。

1 亚赫宁·尤里·列昂尼多维奇藏书
130mm x 70mm 1977 年 木刻

Я
О
EXLIBRIS
ЧАРИНА

2 | 3

2 亚历山大 · 恰林藏书
130mm x 130mm 1975 年 木刻
3 尼古拉 · 库里洛夫藏书
100mm x 110mm 1974 年 木刻

АЛЕКСАНДРА
EX LIBRIS
ИЗ КНИГ
САШИ
МИХАЙЛОВА
НАРИСОВАЛ
ОЛЕГ
ЯХНИН
МИХАЙЛОВА

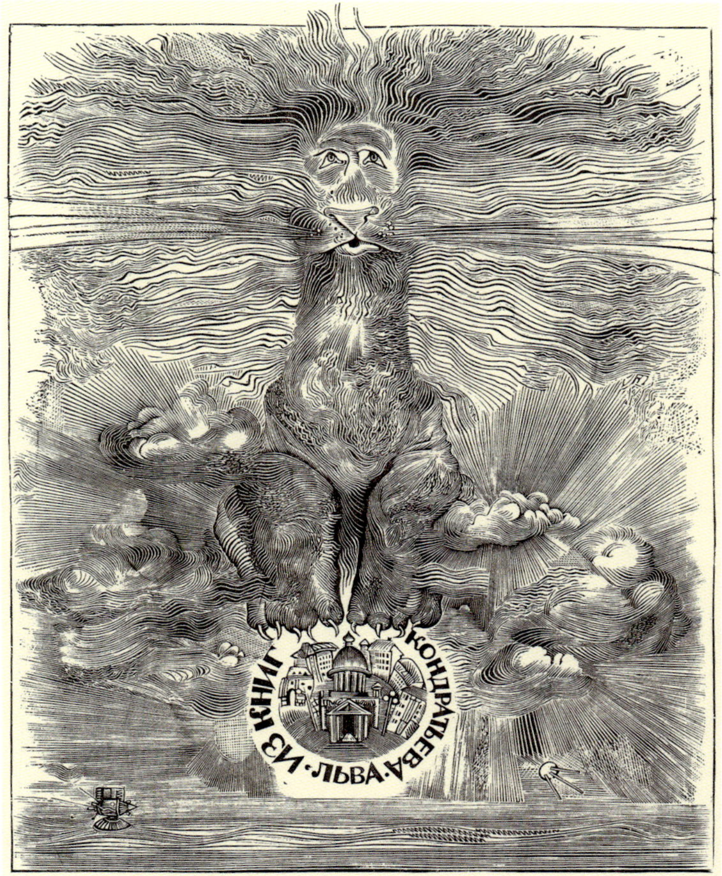

4 | 5

4 亚历山大 • 米哈伊洛夫藏书

140mm x 80mm 2000 年 铜版

5 列夫 • 孔德拉季耶夫藏书

120mm x 95mm 1976 年 木刻

EXLIBRIS ·1998· ЮРИЯ МИЗОНОВА

6 尤里·米佐诺夫藏书
140mm x110mm 1998 年 双套色铜版
7 伯迪藏书
190mm x 140mm 2021 年 铜版

TONGQING ZHANG
EX LIBRIS

8 | 9

8 张同庆藏书
200mm x 125mm 2019 年 铜版
9 张同庆藏书
210mm x 135mm 2022 年 铜版

Верещагин Владимир Евгеньевич 韦列夏金

韦列夏金（1949— ），全名为韦列夏金·弗拉基米尔·叶夫根尼耶维奇（Верещагин Владимир Евгеньевич）。俄罗斯著名版画家、油画家、藏书票艺术家。

韦列夏金于 1949 年 10 月 2 日出生于阿尔汉格尔斯克州奥涅加市。1972 年毕业于穆希娜工艺美术学院工艺美术系。主要从事油画、架上版画及藏书票创作，其中，版画作品多采用蚀刻铜版画技术。

韦列夏金的学识、阅历、思想和创作精神集中反映在他的藏书票作品中，其作品融合了丰富的文化传统、当代表达方式和个人风格的创新探索，这些作品每每发掘出一些新颖的、未受常人注意的东西。他的藏书票让人联想到一个包含着无穷知识的小宇宙。他的创作经常向我们展现出全新的一面，其中狂暴的幻想与精湛的技巧交相辉映，带有挑衅性的强烈幻想是对本能、潜意识的反映，画面中充斥着怪相和诱惑，甚至是一些未知生物，作者借此以充满讽刺意味的激情来展现自己的思想。然而，其创作也并非全为幻想模式，偶尔也充斥着古老的符号。丰富的思想与多样的技术，通过朦胧的笔触和细腻的色彩被柔和地表现出来，生动且饱含象征意义。他的许多套色作品的魅力与其说是在于色彩迷人，不如说在于情节的复杂性。他把创造出属于自己的、不寻常的、不平凡的和独特的场景作为首要任务。通过藏书票作品，他向我们传达的不仅仅是其中所蕴含的深刻哲学意义和幽默讽刺，还有各种丰富的情感。此外，出于对美的崇拜，韦列夏金在作品中时刻印证着美能拯救世界。

EX LIBRIS WOUTER VAN GYSEL

1 | 2

1 沃特·凡·吉塞尔藏书
150mm x 114mm 套色铜版
2 韦列夏金家族藏书
100mm x 130mm 1990 年 铜版

DIDIER KOWALIK
ex LIBRIS
7

3 | 4

3 迪迪埃・科瓦利克藏书
134mm x 101mm 1997 年 套色铜版
4 尤卡和皮姆藏书（纪念 P. 茨维尔斯）
122mm x 92mm 1996 年 套色铜版

ZHIYANG XUE
EXLIBRIS

5 | 6

5 薛志扬藏书
126mm x 145mm 2013 年 套色铜版
6 张瀚达和王玮藏书
129mm x 177mm 2015 年 套色铜版

BIBLIOTEKA BODIO LOMNAGO 2020·2021
EX LIBRIS

7 | 8

7 博迪奥・隆纳戈图书馆藏书 2020・2021
185mm x 130mm 2020 年 套色铜版
8 马可・弗兰泽蒂藏书
95mm x 144mm 2021 年 套色铜版

EXLIBRIS
VERE
SCHA
GIN VLA
DIMIR

9 |10

9 弗拉基米尔·韦列夏金藏书
145mm x 118mm 2009 年 套色铜版
10 叶尼克耶娃藏书
85mm x 104mm 1998 年 铜版

Казимова Нина Ивановна　卡济莫娃

卡济莫娃（1952—　），全名为卡济莫娃·尼娜·伊万诺夫娜（Казимова Нина Ивановна）。俄罗斯著名版画艺术家，俄罗斯功勋艺术家。

卡济莫娃于 1952 年 12 月 55 日出生在一个知识分子家庭。1976 年毕业于列宁格勒建筑工程学院建筑系。1985 年师从著名印刷师帕哈列夫斯基学习蚀刻铜版画技术。

作为著名蚀刻铜版画艺术家，卡济莫娃因精通飞尘技术，赢得了“飞尘女王”的美誉。卡济莫娃主要从事架上版画、书籍版画和藏书票的创作。截至目前，她共创作了 500 多种不同题材、不同尺寸的蚀刻铜版画作品，其中包括 311 款藏书票。大量名人向她定制藏书票，如俄罗斯前总统德米特里·梅德韦杰夫、俄罗斯财政部前部长阿列克谢·库德林、斯维尔德洛夫斯克州前州长库伊瓦舍夫、托木斯克州前州长日瓦奇金、俄罗斯著名作家拉斯普京等。此外，她还为俄罗斯许多大型博物馆的图书馆、藏书室制作了藏书票，如闻名遐迩的冬宫博物馆、特列季亚科夫画廊、俄罗斯国家博物馆、莫斯科俄罗斯国家图书馆、皇村国家自然保护区博物馆等。

她的作品通常具有易于辨识的图形风格，其构建均基于三个原则，其一为图形多采用彼得大帝时期的版画、俄罗斯民间版画图案和著名艺术团体“艺术世界”的风格；其二为装饰多取材于俄罗斯传统装饰品、挂毯、金色刺绣及花边图案；其三为建筑元素多借鉴于不同历史时期的建筑图形和建筑形式。她的作品在整体上贯彻了古典艺术文化遗产的重要主题和图像的精髓，并进行了深刻的情感揭示。

在技术特点上，卡济莫娃利用同一块版进行 2 至 3 种颜色的拓印（效果通常为棕绿色调），再采用巧妙的飞尘技术，使作品呈现出柔和的水彩画效果。

1 德米特里・梅德韦杰夫藏书
110mm x 138mm 2006 年 套色铜版

EX·LIBRIS
STAS KAZIMOFF

2 | 3

2 斯塔斯・卡济莫夫藏书
140mm x 100mm 1995 年 套色铜版
3 万达・加斯佩罗维奇藏书
109mm x120mm 2005 年 套色铜版

EX LIBRIS
Казимовых Юрия и Нины
Рубиновая свадьба
№ 285

4 | 5

4 卡济莫夫夫妇藏书

155mm x 145mm 2017 年 套色铜版

5 米哈伊洛夫藏书

142mm x 125mm 1998 年 套色铜版

ИЗ КНИГ
ИРАИДЫ
J
B

6 | 7 | 8

6 伊赖达 · 博特藏书
145mm x 120mm 2008 年 套色铜版
7 瓦连京 · 拉斯普京藏书
106mm x 80mm 2011 年 套色铜版
8 伊文斯基夫妇藏书
60mm x 40mm 1995 年 套色铜版

ИЗ КНИГ
КОНСТАНТИНА
БЕЛКИНА

9 |10

9 康斯坦丁·别尔金藏书
147mm x 98 mm 2018 年 套色铜版
10 博迪奥·隆纳戈图书馆藏书 2020·2021
117mm x 99mm 2020 年 套色铜版

ИЗ КНИГ
В К
93

11|12

11 科里亚金娜藏书
135mm x 130mm 1993 年 套色铜版
12 阿列克谢·库德林藏书
125mm x 87mm 2013 年 套色铜版

Гузенюк Виктор Леонидович 古泽纽克

古泽纽克（1959—　），全名为古泽纽克·维克托·列昂尼多维奇（Гузенюк Виктор Леонидович）。俄罗斯著名版画家、剧院美工师。

古泽纽克于 1959 年出生于马里乌波尔。1980—1986 年就读于列宾美术学院油画系舞台美术专业。1986—1990 年在圣彼得堡、叶卡捷琳堡以及里加和德累斯顿的多家剧院担任剧院美工师。1990 年起执教于列宾美术学院。主要从事版画、书籍线描画和油画创作，截至目前，共创作了 100 多款藏书票。

他的藏书票创作始于 1989 年，作品主题多取材于神话故事，特别是对半人马和其他神话传说中的各类神奇生物进行拟人化的戏剧性描绘。在创作中，运用超现实主义元素作为隐喻的工具，通过综合不同的风格以及细腻的心理刻画，创造了一个不断变化的特殊世界，一切都仿佛在时空中旋转，一切物体都蕴含着生命迹象。构图伴有强烈的、音乐般的节奏感，令观者仿佛置身于一场小型音乐会，其中的悲剧主题通常带有相当多的讽刺意味。在作品看似“偏向经典”或“程式化”的外表下，观者能捕捉到一种强大的、近乎至上主义的节奏。所有作品的创作主旨都有着同一指向——回归所有美的源头，回归自然，传达生命之美。

1 米兹古林藏书

174mm x 150mm 2012 年 石版

EL
SUSANNA KOLAR
GV

2 | 3 | 4

2 苏姗娜·科拉尔藏书

130mm x 98mm 1997 年 铜版

3 铃木纪子藏书

80mm x 58mm 1996 年 铜版

4 所罗门·特雷瑟藏书

78mm x 48mm 1992 年 铜版

2022 biblioteca 2023
BODIO LOMNAGO

5 | 6

5 博迪奥・隆纳戈图书馆藏书 2022・2023
135mm x 94mm 2022 年 石版
6 瓦西里斯・泽夫戈利斯藏书
79mm x 130mm 1997 年 铜版

ЭКСЛИБРИС
А. ЕЛФИМОВА

7 叶尔菲莫夫藏书
162mm x 113mm 2012 年 石版
8 马克 · 费尼藏书
170mm x 145mm 2017 年 铜版

Зуев Владимир Валентинович 祖耶夫

祖耶夫（1959—　），全名为祖耶夫·弗拉基米尔·瓦连京诺维奇（Зуев Владимир Валентинович）。俄罗斯著名版画家，俄罗斯功勋艺术家，俄罗斯艺术科学院通讯院士。

祖耶夫出生于 1959 年 8 月 5 日，1976—1981 年就读于俄罗斯下塔吉尔斯克国立社会师范学院艺术与版画系。主要从事架上版画及书籍插图创作。

祖耶夫的藏书票作品涵盖其版画的创作元素，汇聚了其思维广度和情感波澜，承载着 21 世纪语言环境的征兆与艺术概貌。在这种语境下，通过对人们早已熟知的现象或对象，以多维形式进行时空置换，由此产生了意想不到的艺术效果，充分表达了作者对当代世界信息冗余与泛滥的忧心。

从主题内容上看，艺术家借助世界公共文化遗产，将主题转向那些早已成为各民族普遍认同的符号、隐喻和原始图像，如亚当和夏娃、宙斯、普罗米修斯、俄耳甫斯、丽达、潘多拉、唐璜、堂·吉诃德、奥赛罗等，这些形象早已被人类解读了千百年。祖耶夫把这些形象置于各类特定的文化和历史背景下，进行大胆、繁复、多种形式的解读。在虚拟的环境中，对人和人的本性进行了多角度、多层次的揭示，从而使作品得以探索以人类为中心的世界的解构。在他的作品中，人被理解为一个能够反映和表达宏观世界的微观世界。尽管其作品繁复晦涩，但其主要核心均围绕着艺术、爱情和创造力这三个主题。作品中，熟悉和陌生的面孔以及神话般的画面都在时间的迷雾中浮现。

截至目前，他采用多种技术相结合的方式共创作了近 400 款藏书票。

1 米特斯·梅勒曼斯藏书
168mm x 105mm 2013 年 套色铜版

EX LIBRIS
BIBLIOTEKA
BODIO
LOMNAGO
2015
2016
OGNI'RA, OGNI MISERIA E OGNI FORZA,
CHI D'AMOR S'ARMA VINCE OGNI FORTUNA.
Michelagniolo

2 | 3

2 博迪奥·隆纳戈图书馆藏书 2015•2016
172mm x 80mm 2015 年 套色铜版
3 圣尼罗修道院藏书
140mm x 74mm 2016 年 套色铜版

EX LIBRIS ZHANG HANDA & WANG WEI

CHARLIE CHAPLIN MODERN TIMES

4 | 6
5 | 7

4 张瀚达和王玮藏书
77mm x 173mm 2016 年 套色铜版
5 金石珍藏
70mm x 174mm 2021 年 铜版

6 孟兆印藏书
70mm x 180mm 2020 年 铜版
7 劳拉・刘藏书
67mm x 173mm 2017 年 双套色铜版

PARADISO
TERRESTRE
PORTA
PURGATORIO
NFERNO
EXLIBRIS BIBLIOTECA
BODIO LOMNAGO
LA
DIVINA
COMMEDIA
DI
DANTE
ALIGHIERI
2020-2021

8 | 9

8 博迪奥·隆纳戈图书馆藏书 2020—2021
160mm x 99mm 2020 年 套色铜版
9 安尼塔·赛斯藏书
148mm x 115mm 2020 年 铜版

Молибоженко Юрий Федорович　尤里·莫利博任科

尤里·莫利博任科（1960—　），全名为莫利博任科·尤里·费奥多罗维奇（Молибоженко Юрий Федорович）。俄罗斯著名广告设计师、藏书票艺术家。

尤里·莫利博任科于 1960 年 5 月 9 日出生在斯维尔德洛夫斯克州谢罗夫市一个艺术氛围浓厚的家庭，其父就是当时著名的版画艺术家费奥多尔·莫利博任科。尤里·莫利博任科毕业于哈尔科夫国立设计与艺术学院艺术设计系，在家庭的熏陶和俄罗斯藏书票复兴运动倡导者伊温斯基的影响下，他轻松地解决了许多雕刻师束手无策的技术难题。在以传统实用型藏书票创作为主的实践中，他融入了大量当代设计元素，这些元素简洁、明快、直观。尤里·莫利博任科所创作的藏书票无论在画面构建、雕刻技法、花体字设计方面，还是在主题和内容之间的联系方面，都反映出了新时代背景下俄罗斯藏书票创作的一个重要趋势。

尤里·莫利博任科的作品具有轻盈的质感与清晰的拓印效果，如同从书籍中采用镂空方式剥离出来一般。对于任何珍贵和美观的书籍而言，这样的藏书票都可以称之为真正的装饰品。

尤里·莫利博任科从 1985 年开始从事藏书票创作，截至目前，共创作了 100 余款藏书票。

1 索罗金・阿列克谢藏书
113mm x 75mm 2018 年 木口木刻

EITHER WAS THE OTHER S MINE
W SHAKESPEARE
X
LIBRIS
BIBLIOTECA
BODIO
LOMNAGO
2013-2014

Старая
Русса
IC
XC
Из
книг
дома-
музея
Достоевского

2 | 3 | 4

2 博迪奥·隆纳戈图书馆藏书 2013·2014

101mm x 55mm 2013 年 木口木刻

3 陀思妥耶夫斯基故居博物馆藏书

104mm x 56mm 2021 年 木口木刻

4 博迪奥·隆纳戈图书馆藏书 2015—2016

90mm x 85mm 2015 年 木口木刻

ΑΙΚΑ
ΤΕΡΙ
ΝΗ
Из книг Пономаревой Т.

5 | 6 | 7

5 波诺马廖娃藏书

115mm x 60mm 2017 年 木口木刻

6 格里戈里耶夫藏书

80mm x 66mm 2015 年 木口木刻

7 舒比克藏书

83mm x 60mm 2013 年 木口木刻

АНЧАР, КАК ГРОЗНЫЙ ЧАСОВОЙ, СТОИТ ОДИН ВО ВСЕЙ ВСЕЛЕННОЙ
Из книг
Шелипова
А

Из
И. И.
НАС ОКРУЖАЮЩАЯ ЭТО КРАСОТА БОЖЕСТВЕННОЙ МЫСЛИ, РАЗЛИТОЙ

8 | 9 |10

8 舍利波夫藏书

98mm x 75mm 2018 年 木口木刻

9 希什金故居博物馆藏书

90mm x 72mm 2018 年 木口木刻

10 纳罗夫恰特库普林故居博物馆藏书

84mm x 78mm 2020 年 木口木刻

2020 2021
EX LIBRIS
BIBLIOTECA
BODIO
LOMNAGO

11|12

11 博迪奥・隆纳戈图书馆藏书 2020•2021

117mm x 77mm 2020 年 木口木刻

12 多布龙拉沃夫藏书

110mm x 79mm 2019 年 木口木刻

Пичугин Павел Валентинович 皮丘金

皮丘金（1967—　），全名为皮丘金·帕维尔·瓦连京诺维奇（Пичугин Павел Валентинович）。俄罗斯著名版画家、书籍插图艺术家，俄罗斯国立师范大学教师。

皮丘金 2001 年毕业于俄罗斯国立师范大学，2007 年毕业于列宾美术学院。他采用多种技术如蚀刻铜版画、石版画、麻胶版画及丝网版画技术创作了大量的城市景观、《圣经》故事、诗人和作家肖像等架上版画作品，此外，他还从事书籍插图、水彩画以及藏书票创作。

皮丘金作为圣彼得堡艺术传统的拥护者和继承者，无论从作品选题还是表现形式上，都以新古典主义的艺术视野向观众揭示版画艺术中造型的奥秘，其作品最大的特点是概括性。

在藏书票创作方面，他也紧随新欧洲人文主义和民族浪漫主义的浪潮，这一浪潮是由当代圣彼得堡藏书票流派掀起的。其作品首先指向一些永恒的主题，如神话、《圣经》故事、俄罗斯童话。作品的图形语言简洁明了，图像清晰而具有概括性，多为黑白版。这些作品因其完美的艺术形式和生动的具象内容，深受当代观众和收藏家的喜爱。

皮丘金孜孜不倦的求索精神、开阔的想象空间、全新的艺术视野和对创造美的渴望，使这些作品实际上补充并在某种程度上发展了圣彼得堡藏书票流派的美学体系。他的藏书票作为一个“小”但对作者来说很重要的连接体，把古今文化艺术史上相距甚远的时代紧密地结合在了一起。

皮丘金作品的独特美感常常给人一种真切实际的感受，这在很大程度上不是形式上的，而是情感表达上的，使人们在解读主题内容时总能找到最有利的视角，从而揭开作品的带着浪漫回忆的面纱。

截至目前，皮丘金共创作了约 60 款藏书票。

EXLiBRiS BiBLiOTECA BODiO LOMNAGO 2015·2016

1 | 2

1 博迪奥・隆纳戈图书馆藏书 2015•2016
183mm x 130mm 2015 年 铜版
2 博迪奥・隆纳戈图书馆藏书 2015•2016
140mm x 190mm 2015 年 铜版

Из книг
музея-
усадьбы
Остафьево
Я помню чудное мгновенье,
Передо мной явилась ты,
Как мимолётное виденье,
Как гений чистой красоты

3 | 4

3 奥斯塔菲耶沃故居博物馆藏书
194mm x 120mm 2019 年 铜版
4 阿加波娃·叶连娜藏书
180mm x 120mm 2016 年 铜版

Ayant risqué une fois, on peut rester heureux toute la vie
KAZIMOVA NINA
EX LIBRIS
2021

5 | 6

5 卡济莫娃·尼娜藏书
150mm x 104mm 2021 年 铜版
6 叶尔菲莫夫藏书
140mm x 115mm 2019 年 铜版

1515 2015
ALDO MANUZIO
EX·LIBRIS P. BANDUROV
P.P.V.

7 | 8

7 班杜罗夫藏书
142mm x 124mm 2015 年 双套色铜版
8 柳克申藏书
105mm x 105mm 2021 年 木口木刻

2021
BIBLIOTECA
BODIO LOM-
NAGO
EXLIBRIS

9 |10

9 博迪奥・隆纳戈图书馆藏书
105mm x 105mm 2022 年 木口木刻
10 罗曼诺娃藏书
100mm x 100mm 2023 年 木口木刻

Козуб Ирина Сергеевна　科祖布

科祖布（1981—　），全名为科祖布·伊琳娜·谢尔盖耶夫娜（Козуб Ирина Сергеевна）。俄罗斯著名版画家、美术教师。

科祖布于 1981 年 12 月 27 日出生于堪察加半岛维柳钦斯克市。1999—2005 年就读于圣彼得堡国立大学艺术设计学院，师从俄罗斯著名艺术家奥列格·亚赫宁。自 2004 年以来，一直与莫斯科和圣彼得堡的多家出版社合作，从事书籍装帧设计与书籍插图创作。截至目前，采用蚀刻铜版画及石版画技术创作了约 77 款藏书票。

她的藏书票作品立意新颖、构图复杂且充满隐喻和联想。画面结构常常以广义的、尺寸相似的、对称的或十字架形的符号形式来呈现。大量的情节转换和图案交织最大限度地展现了各种细节与色调。她将庄严与诙谐、哲学与怪诞做到了完美统一，将现实与神话、崇高与尘世、现在与过去联系起来，建立起了自己对广阔世界的看法，以传统的方式在艺术上扩展着我们对美的认知。

1 博迪奥·隆纳戈图书馆藏书 2022—2023
162mm x 120mm 2022 年 铜版

EX LIBRIS
MENG
ZHAOYIN

2 | 3

2 孟兆印藏书
255mm x 115mm 2017 年 套色铜版
3 安德烈·鲍里先科藏书
160mm x 220mm 2017 年 套色铜版

EX LIBRIS GUUS WILLEMSEN

4 | 5

4 古斯·威廉森藏书
210mm x 150mm 2018 年 套色铜版
5 内利·凡·德·威尔德藏书
200mm x 150mm 2018 年 套色铜版

EX LIBRIS ROMAIN VAN

6 罗曼・凡・豪特克尔克藏书
127mm x 201mm 2022 年 铜版

ИЗ КНИГ ОЛЕГА ГУСЕВА

7 | 8

7 奥列格·古谢夫藏书
149mm x 102mm 2023 年 铜版
8 尼基塔·捷列什琴科夫藏书
111mm x 135mm 2020 年 石版

Котельникова Людмила Владимировна　科捷利尼科娃

科捷利尼科娃（1991—　），全名为科捷利尼科娃·柳德米拉·弗拉基米罗夫娜（Котельникова Людмила Владимировна）。俄罗斯青年版画家、书籍装帧设计师、书籍插图艺术家。

科捷利尼科娃于 1991 年出生于坦波夫市，2013 年毕业于奔萨萨维茨基美术专科学校油画系，2019 年毕业于列宾美术学院版画系。从 2017 年起，开始参加国内外各类艺术展，主要从事书籍装帧设计、书籍插图创作、版画印刷技术研究及藏书票创作。截至目前，共创作了约 30 款藏书票。

她一直在多家出版社担任插图工作，众多的比赛、展览以及长期的户外旅行都为她提供了创作的素材与灵感。她的创作主要采用石版画、铜版画等技术，特别是在石版画作品中，显示出了学院派严谨深厚的素描功底，画面细腻精美、色彩淡雅适中、线条舒展准确、装饰感强烈，再加之多年的书籍装帧设计实践，使得作品在整体设计上，更贴合传统模式。

1 劳拉 • 刘藏书

150mm x 100mm 2019 年 双套色石版

EXLIBRIS UNICORNIS
TRAKAI HISTORY
MUSEUM

2 立陶宛特拉凯历史博物馆藏书
150mm x 140mm 2020 年 套色石版

Ex Libris
PETRA SUSPICINA

3 | 4

3 彼得·苏斯皮岑藏书

150mm x 125mm 2019 年 双套色石版

4 薛志扬藏书

140mm x 140mm 2020 年 套色石版

EXLIBRIS TONGQING ZHANG

5 | 6

5 张同庆藏书
145mm x 145mm 2021 年 套色石版
6 博迪奥・隆纳戈图书馆藏书 2021
125mm x 125mm 2021 年 石版

EXLIBRIS
A.BARANOV

7 | 8

7 巴拉诺夫藏书
175mm x 150mm 2022 年 石版
8 博迪奥·隆纳戈图书馆藏书 2022—2023
165mm x 130mm 2022 年 套色石版

Рябова Светлана Александровна 里亚博娃

里亚博娃（1994— ），全名为里亚博娃·斯韦特兰娜·亚历山德罗夫娜（Рябова Светлана Александровна）。俄罗斯青年版画家。

2013—2017 年，里亚博娃就读于俄罗斯下塔吉尔斯克国立社会师范学院。她主要从事架上版画、书籍版画和藏书票创作。

里亚博娃的作品以深思熟虑的主题选择、均衡的构图和鲜明的人物形象著称。她的创作多采用双套色或三套色蚀刻铜版画技术。作为一位才华横溢的画家，里亚博娃在她的版画中非常重视色彩，无可挑剔的色彩和对比鲜明的色调是她创作的名片和藏书票的标志性风格，也是这位年轻的艺术家具有跳出传统作品藏书票设计框架的能力的证明。

里亚博娃创作的以普希金与娜塔莉亚、约瑟夫·布罗茨基的诗歌、女人与奥德修斯、七宗罪、《爱丽丝梦游仙境》、四季为题材的系列作品和许多内容独立的藏书票作品不仅获得了观众与收藏界的认可，也赢得了专业人士的高度评价。

从 2015 年从事藏书票创作至今，里亚博娃共完成了 50 多款藏书票作品。

1
—
2

1 乔普・斯利普藏书
87mm x 150mm 2022 年 套色铜版
2 简・布鲁赫曼藏书
82mm x 150mm 2022 年 套色铜版

EXLIBRIS BIBLIOTECA BODIO LOMNAGO·2022-2023·
CARLO COLLODI
LE AVVENTURE DI PINOCCHIO

3 | 4

3 博迪奥·隆纳戈图书馆藏书 2022·2023
145mm x 100mm 2022 年 套色铜版
4 斯韦特兰娜藏书
130mm x 100mm 2022 年 套色铜版

Указатель имен с параллельным переводом

人名对照表

中文简称/生卒年	俄文全名/中文全名
乌特金 1780—1863	Уткин Николай Иванович 乌特金·尼古拉·伊万诺维奇
马泰 1856—1917	Матэ Василий Васильевич 马泰·瓦西里·瓦西里耶维奇
伊万·巴甫洛夫 1872—1951	Павлов Иван Николаевич 巴甫洛夫·伊万·尼古拉耶维奇
别努阿 1870—1960	Бенуа Александр Николаевич 别努阿·亚历山大·尼古拉耶维奇
兰谢列 1875—1946	Лансере Евгений Евгеньевич 兰谢列·叶夫根尼·叶夫根尼耶维奇
奥斯特罗乌莫娃-列别杰娃 1871—1955	Остроумова-Лебедева Анна Петровна 奥斯特罗乌莫娃-列别杰娃·安娜·彼得罗夫娜
伊瓦斯克 1878—1922	Иваск Удо Георгиевич 伊瓦斯克·乌多·格奥尔吉耶维奇
巴克斯特 1866—1924	Бакст Лев Самойлович 巴克斯特·列夫·萨莫伊洛维奇
索莫夫 1869—1939	Сомов Константин Андреевич 索莫夫·康斯坦丁·安德烈耶维奇
多布任斯基 1875—1957	Добужинский Мстислав Валерианович 多布任斯基·姆斯季斯拉夫·瓦列里安诺维奇
纳尔布特 1886—1920	Нарбут Георгий Иванович 纳尔布特·格奥尔吉·伊万诺维奇
比利宾 1876—1942	Билибин Иван Яковлевич 比利宾·伊万·雅科夫列维奇
法沃尔斯基 1886—1964	Фаворский Владимир Андреевич 法沃尔斯基·弗拉基米尔· 安德烈耶维奇

（续表）

中文简称/生卒年	俄文全名/中文全名
克拉夫琴科 1889—1940	Кравченко Алексей Ильич 克拉夫琴科·阿列克谢·伊里奇
帕夫利诺夫 1881—1966	Павлинов Павел Яковлевич 帕夫利诺夫·帕维尔·雅科夫列维奇
皮斯卡廖夫 1892—1959	Пискарев Николай Иванович 皮斯卡廖夫·尼古拉·伊万诺维奇
库普列亚诺夫 1894—1933	Купреянов Николай Николаевич 库普列亚诺夫·尼古拉·尼古拉耶维奇
法利列耶夫 1879—1950	Фалилеев Вадим Дмитриевич 法利列耶夫·瓦季姆·德米特里耶维奇
雷贝格 1892—1957	Рерберг Иван Федорович 雷贝格·伊万·费奥多罗维奇
扎哈罗夫 1882—1968	Захаров Федор Иванович 扎哈罗夫·费奥多尔·伊万诺维奇
马托林 1901—1976	Маторин Михаил Владимирович 马托林·米哈伊尔·弗拉基米罗维奇
冈察罗夫 1903—1979	Гончаров Андрей Дмитриевич 冈察罗夫·安德烈·德米特里耶维奇
皮科夫 1903—1973	Пиков Михаил Иванович 皮科夫·米哈伊尔·伊万诺维奇
米特罗欣 1883—1973	Митрохин Дмитрий Исидорович 米特罗欣·德米特里·伊西多罗维奇
切霍宁 1878—1936	Чехонин Сергей Васильевич 切霍宁·谢尔盖·瓦西里耶维奇
希林戈夫斯基 1881—1942	Шиллинговский Павел Александрович 希林戈夫斯基·帕维尔·亚历山德罗维奇

（续表）

中文简称/生卒年	俄文全名/中文全名
布里梅尔 1898—1929	Бриммер Николай Леонидович 布里梅尔·尼古拉·列昂尼多维奇
希任斯基 1896—1972	Хижинский Леонид Семёнович 希任斯基· 列昂尼德· 谢苗诺维奇
尤多温 1892—1954	Юдовин Соломон Борисович 尤多温·所罗门·鲍里索维奇
德米特列夫斯基 1890—1938	Дмитревский Николай Павлович 德米特列夫斯基·尼古拉·帕夫洛维奇
特奥多罗维奇 1907—1964	Теодорович Константин Иванович 特奥多罗维奇·康斯坦丁·伊万诺维奇
库扎尼扬 1901—1993	Кузанян Павел Михайлович 库扎尼扬·帕维尔·米哈伊洛维奇
克拉夫佐夫 1906—1981	Кравцов Гершон Абрамович 克拉夫佐夫·格尔雄·阿布拉莫维奇
布尔贡克尔 1906—1966	Бургункер Евгений Осипович 布尔贡克尔·叶夫根尼·奥西波维奇
拉普申 1905—2003	Лапшин Николай Иустинович 拉普申·尼古拉· 尤斯季诺维奇
戈利亚霍夫斯基 1902—1971	Голяховский Евгений Николаевич 戈利亚霍夫斯基·叶甫根尼·尼古拉耶维奇
康斯坦丁诺夫 1910—1997	Константинов Фёдор Денисович 康斯坦丁诺夫·费奥多尔·杰尼索维奇
瓦基丁 1911—1991	Вакидин Виктор Николаевич 瓦基丁·维克托·尼古拉耶维奇
波利亚科夫 1903—1978	Поляков Михаил Иванович 波利亚科夫·米哈伊尔·伊万诺维奇

（续表）

中文简称/生卒年	俄文全名/中文全名
弗罗洛夫 1926—2000	Фролов Вадим Антонович 弗罗洛夫·瓦季姆·安东诺维奇
卡拉什尼科夫 1930—2007	Калашников Анатолий Иванович 卡拉什尼科夫·阿纳托利·伊万诺维奇
卡利塔 1926—2016	Калита Николай Иванович 卡利塔·尼古拉·伊万诺维奇
拉特纳 1933—1996	Ратнер Герман Львович 拉特纳·格尔曼·利沃维奇
韦尔霍兰采夫 1937—	Верхоланцев Михаил Михайлович 韦尔霍兰采夫·米哈伊尔·米哈伊洛维奇
萨波日尼科夫 1925—2009	Сапожников Александр Васильевич 萨波日尼科夫·亚历山大·瓦西里耶维奇
库罗夫 1939—	Куров Валерий Павлович 库罗夫·瓦列里·帕夫洛维奇
莫罗佐夫 1939—1990	Морозов Владимир Васильевич 莫罗佐夫·弗拉基米尔·瓦西里耶维奇
博代 1936—2011	Бодэ Леонард Валентинович 博代·列昂纳德·瓦连京诺维奇
切尔诺夫 1928—2021	Чернов Аполлон Степанович 切尔诺夫·阿波隆·斯捷潘诺维奇
乌申 1927—2005	Ушин Андрей Алексеевич 乌申·安德烈·阿列克谢耶维奇
波奇捷内伊 1927—1997	Почтенный Олег Алексеевич 波奇捷内伊·奥列格·阿列克谢耶维奇
谢尔久科夫 1924—2003	Сердюков Владимир Иванович 谢尔久科夫·弗拉基米尔·伊万诺维奇

（续表）

中文简称/生卒年	俄文全名/中文全名
斯特里扎克 1926—2003	Стрижак Николай Георгиевич 斯特里扎克·尼古拉·格奥尔吉耶维奇
科法诺夫 1943—1998	Кофанов Николай Ильич 科法诺夫·尼古拉·伊里奇
韦列夏金 1949—	Верещагин Владимир Евгеньевич 韦列夏金·弗拉基米尔·叶夫根尼耶维奇
奥列格·亚赫宁 1945—	Яхнин Олег Юрьевич 亚赫宁·奥列格·尤里耶维奇
伊文斯基 1924—2021	Ивенский Семён Георгиевич 伊文斯基·谢苗·格奥尔吉耶维奇
布尔马金夫妇 布尔马金（丈夫） 1932—1974 布尔马金娜（妻子） 1939—1984	Бурмагины Бурмагин Николай Васильевич 布尔马金·尼古拉·瓦西里耶维奇 Бурмагина Генриетта Николаевна 布尔马金娜·亨里埃塔·尼古拉耶夫娜
纳戈维岑 1921 —2000	Наговицын Анатолий Терентьевич 纳戈维岑·阿纳托利·捷连季耶维奇
科佩洛夫 1926—2011	Копылов Рудольф Владимирович 科佩洛夫·鲁道夫·弗拉基米尔罗维奇
西尼洛夫 1933—2002	Синилов Евгений Григорьевич 西尼洛夫·叶夫根尼·格里戈里耶维奇
库兹涅佐娃 1921— 2009	Кузнецова Евгения Ивановна 库兹涅佐娃·叶夫根尼娅·伊万诺夫娜
费奥多尔·莫利博任科 1927—1980	Молибоженко Федор Дмитриевич 莫利博任科·费奥多尔·德米特里耶维奇
马林 1941—2015	Марьин Владимир Алексеевич 马林·弗拉基米尔·阿列克谢耶维奇

（续表）

中文简称/生卒年	俄文全名/中文全名
潘科夫 1921—1991	Паньков Михаил Андреевич 潘科夫·米哈伊尔·安德烈耶维奇
帕什托夫 1941—	Паштов Герман Суфадинович 帕什托夫·格尔曼·苏法吉诺维奇
谢特涅夫 1942—	Щетнев Леонид Николаевич 谢特涅夫·列昂尼德·尼古拉耶维奇
图罗夫 1930—1983	Туров Степан Федорович 图罗夫·斯捷潘·费奥多罗维奇
斯瓦洛夫 1923—2014	Свалов Владимир Николаевич 斯瓦洛夫·弗拉基米尔·尼古拉耶维奇
卡济莫娃 1952—	Казимова Нина Ивановна 卡济莫娃·尼娜·伊万诺夫娜
古泽纽克 1959—	Гузенюк Виктор Леонидович 古泽纽克·维克托·列昂尼多维奇
祖耶夫 1959—	Зуев Владимир Валентинович 祖耶夫·弗拉基米尔·瓦连京诺维奇
皮丘金 1967—	Пичугин Павел Валентинович 皮丘金·帕维尔·瓦连京诺维奇
尤里·莫利博任科 1960—	Молибоженко Юрий Федорович 莫利博任科·尤里·费奥多罗维奇
科祖布 1981—	Козуб Ирина Сергеевна 科祖布·伊琳娜·谢尔盖耶夫娜
科捷利尼科娃 1991—	Котельникова Людмила Владимировна 科捷利尼科娃·柳德米拉·弗拉基米罗夫娜
里亚博娃 1994—	Рябова Светлана Александровна 里亚博娃·斯韦特兰娜·亚历山德罗夫娜

Послесловие.

后记

2018 年夏，我在俄罗斯收集整理苏联版画史资料时，一个偶然的机会，结识了俄罗斯著名书商瓦拉瓦先生。在得知我的研究领域后，他向我展示了西伯利亚地区已故著名藏书票收藏家特鲁赫尼茨基先生的藏品，多达数万枚，其中不乏大量不同时期的代表作。随着与瓦拉瓦交往的进一步加深，又借阅特鲁赫尼茨基数十年间与藏书票艺术家之间往来的信件，以及自己多方面查找的相关资料，我逐渐了解到很多俄罗斯藏书票的历史知识，以及藏书票艺术家与定制者之间的故事。这期间，我又多次前往圣彼得堡，拜会了众多版画艺术家，其中包括韦列夏金、卡济莫夫夫妇、皮丘金以及俄罗斯藏书票收藏家米哈尔洛夫、加修纳斯等人，受到了热情的接待与无私的帮助，让我深感荣幸也备受鼓舞。同时，我几乎寻遍圣彼得堡所有的旧书店，购置大量的相关书籍。通过这些艺术家的展示、讲述以及一些珍贵的一手资料，我对俄罗斯藏书票艺术史有了一个较为完整的认知，于是，萌生了整理俄罗斯藏书票艺术史的想法。

在构思酝酿期间，我又经朋友牵线，联系到了俄罗斯著名藏书票收藏家格特曼斯基、圣彼得堡版画家奥列格 · 亚赫宁、莫斯科版画家韦尔霍兰采夫、沃洛格达藏书票艺术家谢特涅夫，以及已故著名版画家费奥多夫 · 莫利博任科的家人，他们为我提供了更加丰富而翔实的资料，让我从多角度、多层次地了解到了俄罗斯藏书票的历史进程与演变，其中很多关键性人物的形象也在我心中逐渐丰满而生动起来，进而更加坚定了把俄罗斯藏书票艺术史写出来的决心。

2020 年伊始，有关俄罗斯藏书票艺术史的写作任务被正式提上日程。其间，我也曾遇到很多困难与问题，甚至产生过放弃的念头，但是，藏书票艺术家们的坎坷人生经历和他们始终如一坚持为艺术奉献的精神一直鼓舞、激励着我，也让我最终坚持了下来，并于 2021 年夏完成了初稿。

2022 年底，同样是一个偶然的机会，我结识了高等教育出版社编辑吴伟先生。当得知我的情况后，吴先生真挚地鼓励我把俄罗斯藏书票艺术史好好写下去，并很快把我推荐给西泠印社出版社的周小霞编辑。在审阅初稿后，周编辑多次为我提出建设性的意见，给予我很大的期望与帮助，为进一步完善书稿提供了强有力的支持。又历经半年多的图片采集与文章润色，于 2023 年 5 月初，终于完成了书稿的全部内容。

本书涉及 70 多位俄罗斯艺术家的作品，对健在和已故未超过 50 年的艺术家，均在友人与艺术家们的帮助下取得了图片经由西泠印社出版社出版发行的授权。本书以时间为脉络，讲述了俄罗斯藏书票从诞生之初至今的历史，对不同历史时期藏书票的代表作品、风格特征、技术特点、历史背景、图片内容，以及较为流行的样式，均做了较为翔尽的描述。希望本书的出版，能为广大藏书票爱好者、藏书票艺术家以及艺术爱好者提供一份可靠的参考资料。因编写仓促，难免有不足之处，还望广大读者批评指正。

在此，特别感谢吴伟先生、周小霞编辑、俄罗斯克拉斯诺亚尔斯克美术家协会主席福罗斯托夫斯基、俄罗斯国际图书爱好者协会主席舒斯特罗娃、著名版画家卡拉什尼科夫遗孀费奥多罗娃女士，和艺术家韦列夏金、韦尔霍兰采夫、奥列格·亚赫宁、卡济莫夫夫妇，以及我的家人和国内朋友王青云、章丹露、魏平远、贾默君、段泳枝、卫春粉、柴婉柔、郑中伟、阳光学的大力支持与帮助。

杨嘉冰

2023 年 8 月 19 日

图书在版编目（CIP）数据

寸笺丘壑 ： 俄罗斯藏书票 / （俄罗斯） 杨嘉冰编著. 杭州 ： 西泠印社出版社， 2024. 8. -- ISBN 978-7-5508-4588-6

Ⅰ. G262.2

中国国家版本馆CIP数据核字第2024GB2244号

图字：11—2024—497号

寸笺丘壑 俄罗斯藏书票

〔俄〕杨嘉冰 编著

责任编辑 周小霞
责任出版 冯斌强
责任校对 徐 岫
装帧设计 王 欣
特约编辑 吴 伟
出版发行 西泠印社出版社
（杭州市西湖文化广场 32 号 5 楼 邮政编码 310014）
经 销 全国新华书店
制 版 杭州典集文化艺术有限公司
印 刷 浙江海虹彩色印务有限公司
开 本 787mm×1092mm 1/32
字 数 200千
印 数 0001—1000
印 张 16.625
书 号 ISBN 978-7-5508-4588-6
版 次 2024年8月第1版 第1次印刷
定 价 260.00元

西泠印社出版社发行部联系方式：（0571）87243079